PinWeiJingDian GanShouDaShi

品味经典
感受大师

厦门中学生优秀作文选

北京新文化运动纪念馆
陈嘉庚纪念馆 编
厦门市教育局

文物出版社

封面设计：王　超
责任印制：张道奇
责任编辑：孙　霞

图书在版编目(CIP)数据

品味经典　感受大师：厦门中学生优秀作文选 / 北京
新文化运动纪念馆，陈嘉庚纪念馆，厦门市教育局编.
——北京：文物出版社，2013.7
　ISBN 978-7-5010-3779-7

　Ⅰ.①品… Ⅱ.①北… ②陈… ③厦… Ⅲ.①作文—
中学—选集　Ⅳ.①H194.5

中国版本图书馆 CIP 数据核字(2013)第 149007 号

品味经典　感受大师：厦门中学生优秀作文选
北京新文化运动纪念馆
陈 嘉 庚 纪 念 馆 编
厦 门 市 教 育 局
＊
文 物 出 版 社 出 版 发 行
(北京市东直门内北小街 2 号楼)
邮政编码：100007
http://www.wenwu.com
E-mail：web@wenwu.com
北京市通州运河印刷厂
新 华 书 店 经 销
710×1000　1/16　印张：13
2013 年 7 月第 1 版　2013 年 7 月第 1 次印刷
ISBN 978-7-5010-3779-7　定价：32.00 元

编　委　会

目　　录

阿Q其人 ……………………………………… 连宏鹏 / 1

剪得秋光入卷来 …………………………… 罗婧蓝 / 3

鲁迅之彩 …………………………………… 林　嫒 / 5

艾草青青 …………………………………… 张晓璇 / 7

保持微笑 …………………………………… 叶子绿 / 10

永恒的存在——走近冰心 ………………… 林　盟 / 12

《随想录》里随想大师 …………………… 陈秀雯 / 14

读《差不多先生传》有感 ………………… 程悝鑫 / 16

品老舍 ……………………………………… 高允彦 / 18

他的湘西世界 ……………………………… 周芷菡 / 20

追求光和热的人 …………………………… 曾宪力 / 22

小议"大胆的假设，小心的求证"——读胡适《治学方法》有感 江宜珊 / 24

一笔色彩·改变命运——品读鲁迅 ……… 罗思杭 / 26

比烟花更寂寞 ……………………………… 陈谨儿 / 28

文坛上的一朵清荷——也读朱自清 ……… 赖心莹 / 30

从《匆匆》到生活 ………………………… 张骑馨 / 33

行走在消逝中——读朱自清《匆匆》有感 ……… 卢　煊 / 35

月下的荷塘 ………………………………… 朱茹寒 / 37

暗夜里的光明——我读鲁迅有感 ………… 刘盛欣 / 39

我心有你 ……………………………………………………… 李　娜 / 41

曾是惊鸿照影来 …………………………………………… 卢伟宏 / 43

舍精求"俗" ………………………………………………… 陈宝珍 / 45

盛夏，寻幽忆往昔 ………………………………………… 邱　玲 / 47

边城一览 …………………………………………………… 林立颖 / 49

笑对生活——梁实秋 ……………………………………… 黄晓歌 / 51

守卫救世情结——读鲁迅《战士和苍蝇》有感 ………… 黄　铮 / 54

新青年的灵魂 ……………………………………………… 叶婷婷 / 56

走近大师，感受真实 ……………………………………… 王　倩 / 58

品《茶馆》，论幽默 ……………………………………… 卢梦思 / 60

大意微言——你是我心中的四月天 …………………… 张淇源 / 62

阅读鲁迅，净化灵魂 ……………………………………… 郭芃菲 / 64

浅行至深处 ………………………………………………… 颜　祺 / 66

追寻方向 …………………………………………………… 陈雅珠 / 68

毕生行径都是诗 …………………………………………… 周韵涵 / 70

静水流深 …………………………………………………… 周安妮 / 72

城南诗画——林海音《城南旧事》……………………… 李巧秀 / 74

做一个湘下人——走近沈从文 ………………………… 陈欣怡 / 76

凤凰魂——走近沈从文 …………………………………… 丁睿哲 / 78

一身诗意千寻瀑，万古人间四月天——走近林徽因 …… 李怡萱 / 80

他，从边城走向世界 ……………………………………… 黄若虚 / 82

读懂巴金 …………………………………………………… 王　琳 / 84

我眼中的鲁迅 ……………………………………………… 白舜展 / 86

我和老舍 …………………………………………………… 戴佳琦 / 88

如雪的人生 ………………………………………………… 沈青妮 / 90

那激流中不朽的经典——走近巴金 …………………… 杨珍妮 / 92

蓬勃的春天，蓬勃的未来——走近朱自清 …………… 吴心婵 / 94

读《繁星·春水》有感 …………………… 汪虹娇 / 96

我认识的鲁迅大师 ………………………… 许晓鑫 / 98

梦想光明的圣人 …………………………… 周夏曲 / 100

民国的那束光 ……………………………… 魏扬赟 / 102

生，当如夏花——致康桥上的诗人 ……… 魏小欣 / 104

于浮华年代的追思 ………………………… 周智鹏 / 106

品味鲁迅 …………………………………… 张子恒 / 108

黎明何时 …………………………………… 石宇宸 / 110

笔尖上的巨人 ……………………………… 叶舒婷 / 112

社会的写实派画家 ………………………… 林昕頔 / 114

品味季老作品 感悟至真性情 …………… 陈颖鑫 / 116

以先觉觉后觉 ……………………………… 陈雪榕 / 118

根对土地的情意 …………………………… 陈晓蔓 / 120

品味经典 感受大师——礼拜鲁迅先生和他的"狂人日记" …… 余文扬 / 122

蛰伏于长夜 ………………………………… 钟 文 / 124

旅途中的解剖者 …………………………… 纪冰亭 / 126

沉默的对话 ………………………………… 洪江淳 / 128

筚路蓝缕 以启山林 ……………………… 陈雪琰 / 130

安世中的孤独者 …………………………… 卓斌斌 / 132

品郭沫若 …………………………………… 林思颖 / 134

"老怪物"同他的"良民的信仰" ……… 郭霜霜 / 136

忆古今，唤诗风 …………………………… 康 巧 / 138

永不熄灭的蜡烛——读《汤姆叔叔的小屋》有感 …… 林诗仪 / 140

肩扛着枪的巨人 …………………………… 张威威 / 142

那一刻，我读懂了你 ……………………… 余 庆 / 144

聆听朱自清 ………………………………… 李婧婷 / 146

四至鲁迅 …………………………………… 杨元鑫 / 148

他的诗 …………………………………………… 张　维 / 151

有的人死了，但他还活着 ……………………… 单天姣 / 153

正气朱自清 ……………………………………… 刘诗槐 / 155

随她去流浪 ……………………………………… 戴文岚 / 157

学会珍惜——读《悲惨世界》有感 …………… 苏奕龙 / 159

夏夜里的阅读 …………………………………… 陈诗雨 / 161

品鲁迅 …………………………………………… 姚孟昕 / 163

从读书开始 ……………………………………… 孙　淳 / 165

感受冰心　感悟生活 …………………………… 张悦凌 / 167

品味 ……………………………………………… 陈佳昕 / 169

感谢陪我一路走来的《背影》 ………………… 陈雨岩 / 171

梦回荷塘 ………………………………………… 徐博文 / 173

唤醒麻木的国人——谈围观 …………………… 郭闽琦 / 175

香逸书海 ………………………………………… 陈卉雯 / 177

离别就是开始的一种 ——读《再别康桥》有感 ……… 付锦钰 / 179

这世界需要童真 ………………………………… 刘宇晗 / 181

攀满心灵的爬山虎 ……………………………… 陈楚昕 / 183

野菊的光芒 ……………………………………… 洪雅娟 / 185

心中的他 ………………………………………… 彭雅莹 / 187

好好珍惜时间 …………………………………… 谢诗雨 / 189

黑暗里的那一抹璀璨星光 ……………………… 黄晗愔 / 190

为国奉献一生 …………………………………… 陈梦颖 / 192

儿童的天使——冰心 …………………………… 王筱君 / 194

微笑着面对生活 ………………………………… 黄银锻 / 196

我和朱自清先生 ………………………………… 林　源 / 198

连宏鹏　　集美中学　高二（8）班
　　　　　　指导老师　王晓辉

阿 Q 其人

　　鲁迅说："我虽然竭力想摸索人们的灵魂，但总时时自憾有些隔膜。在将来，围在高墙里面的一切人众，该会自己觉醒走出，都来开口的罢，而现在还少见，所以我也只依了自己的觉察，孤寂地姑且将这些写出，作为在我的眼里所经过的中国的人生。"辛亥革命前后，社会动荡，人们畸形的思想和畸形的行为逼迫着鲁迅，他要"画出这样沉默的国民的灵魂来"，用自己的笔来批判那个黑色的世界，让国人清醒头脑，因此，阿 Q 降世了。

　　阿 Q，上无片瓦，下无寸土，孤苦伶仃地寄住在土谷祠里，只靠给人家打短工来维持生计。如果他仅仅是物质生活的困苦，那显然还称不上是一个"沉默的灵魂"，他之所以沉默，是因为他的精神生活，他的心理已经被底朝天地扭曲过了一遍。他被压在未庄生活的最底层，未庄人之于阿 Q，要么是叫他做事，要么是开他玩笑，从没人在意过他的行为。于是什么人都能使唤他，什么人都能欺负他，可阿 Q 他却一点怨言没有，反而十分得意，这一切都得"归功"于他的那一套"精神胜利法"。他被人揪住黄辫子，挨了别人的打，他却想这是儿子打老子；分明是别人借乱抢走了他赌博赢来的钱，他却在满腔愤怒之中抡起巴掌打了自己一个耳光，却想着仿佛是在打别人一样；人们取笑他是挨打的畜生，他也只捏捏小辫子，道："是虫豸，是虫豸。"而后便乐呵呵地走了。长此以往，阿 Q 越来越觉得自己厉害，称自己是"第一个能够自轻自贱的人"。

　　总结起阿 Q 的"精神胜利法"，便是自甘屈辱，自甘轻贱，又自我解嘲，自我陶醉。这也是鲁迅对当时中国国民的麻木愚昧的最大的批判。他们的精神饱受封建思想的压迫，却又懦弱不敢反抗；他们不敢反抗，由此心生怨恨，四处游荡寻求机会得以排解；可他们又无处宣泄，只得依靠自欺来逃避现实的苦难辛酸。久而久之，便同阿Q一样，"得到了一件祖传宝贝"——健忘，把私人恩怨忘了，把剥削压迫忘了，到最后连国仇家恨都忘得一干二净了！应该庆幸，能够有像鲁迅一样头脑清醒的文化人，他们敢于提笔为国人打下一剂又一剂的强心针。终于，有那么一群青年，他们觉醒并甩掉阿Q的包袱，毅然地走上街头，去寻找新民主，去寻找真正的胜利，为中华之崛起而奋进！

回想今日，也有那么一群人走上了街头，不过他们手里抢着大锤，抱着汽油桶，高举着火把，呼喊着正义的口号："誓死保卫钓鱼岛！"然而却做出一件件不正义的事：砸了中国人的日产车，烧了中国人的日文书，伤了路过的日本人……领土的侵略者明明远在海的那边，而这群自称为"爱国勇士"的人，却将大锤纷纷砸向自家人的血汗，自以为砸坏了眼前的日货，就是保卫国家。但请睁大双眼，你们对侵略者的仇恨正伤害着自己的家人，这不是爱国！如若不及时制止，恐怕要凭空生出来一个又一个阿Q，就算有再多的药也救不了他们。

我们不知道阿Q的后人是否还在，但是阿Q的"咯咯咯"的笑声却还存在于这社会上的某个黑暗的角落，那就需要我们握紧知识与智慧，化成阿Q最害怕的"哭丧棒"，将那些不明智的，自欺欺人的，自轻自贱的人都打醒！

罗婧蓝　外国语学校　高二（2）班
指导老师　王晓辉

剪得秋光人卷来

　　直到一片落叶惊醒我午间小憩未醒的精神，直到终于禁不住空气中渐浓的凉意从箱底翻出长袖的衣物，我才恍然，拥挤的城市里狭窄的楼间距遮不住秋风往来的路径，也遮不住那从千年前而来悄然拂上心头的轻愁。

　　伤春悲秋自古就是在岁月里酝酿的情怀。于是有了"已觉秋窗秋不尽，哪堪风雨助凄凉"，有了"菡萏香销翠叶残，西风愁起绿波间"。也有了并不执著于这样的悲悯的刘禹锡，他另辟蹊径，成就了流芳百世的"晴空一鹤排云上"这样带走布满视野的纷纷落叶的佳作。

　　而在我读过《故都的秋》之后，才知道郁达夫先生是真正懂得秋的人。正如他自己所说："虽则渐入中年，又爱上了晚秋，以为秋天正是读读书，写写字的人的最惠节季。"那苦闷的避着白色恐怖的三年，是不算安逸的生活，但因了他钟情的秋而美满。

　　先生说南国之秋"比起北国的秋来，正像是黄河之与白干，稀饭之与馍馍，鲈鱼之与大蟹，黄犬之与骆驼"。那么，北国之秋，这"真正的秋"究竟是什么样的？

　　我曾以为，只有傲霜的菊花才能在寒风中挺立。但是先生却描绘了这样一个画面：早起时分，你坐在院子里，天高气爽，阳光从槐叶间漏下，静对着像喇叭似的牵牛花的蓝朵，"最好，还要在牵牛花底，教长着几根疏疏落落的尖细且长的秋草，使作陪衬"。原来，秋的诗情画意正遮掩在院中一角的闲适里。

　　我曾以为，看到枝头的黄叶落下，便是古人所说的一叶知秋。但是先生却指向那一株遥远的槐树。铺得满地都是像花而不是花的落蕊、脚踏上去极微细极柔软的触觉、扫街的在灰土上留下的道道扫帚的丝纹，"看起来既觉得细腻，又觉得清闲，潜意识下并且还觉得有点儿落寞"。原来，古人所说的一叶知秋的遥想，是在这些痕迹浅浅的深沉的地方。

我曾以为，草木凋零的感伤落寞、瓜果飘香的月圆和美就能概括金秋季节至寒秋时分的景致。但是先生笔下却有道不尽的秋色：灰沉沉的天底下，忽来一阵凉风，便倏地下起雨来。雨过天晴，身着青布单衣的闲人咬着烟管，在雨后的斜桥影里，遇见熟人，用缓慢悠闲的声调，微叹着互答着和着秋蝉的啼唱。还有那一种更为凄凉沉静的金风肃杀之感，在郊外的"胡笳互动，牧马悲鸣"中"真真会让你感至极而涕零，思千里兮命驾。"

先生的文字有着中式的凝练婉转，有着西式的绮丽悠长，寓情于景，强烈的也许是在对故人旧事的追怀中那些耐人寻味的纪念早已在心底生根，深切而揪的人心疼。那种既甜蜜又悲哀的念头，在回忆里开花。

所以他不远千里而来，为了这日思夜想的故都之秋。他说："秋天，这北国的秋天，若留得住的话，我愿把寿命的三分之二折去，换得一个三分之一的零头。"踯躅在都市的人们，怎么能理解这样对于秋的眷恋？

他笔下的秋，这样清，这样静，谁又能体会到那来自心灵深处的那份真挚深沉的感情？谁还会拥有"摘一叶秋光润笔，揽满湖月色倾心"的雅致？

诗情也似并刀快，剪得秋光入卷来。放下手中繁琐的事务吧，窗外的天气正好，晴空高爽，日光洋溢，你一定在房间里坐不住，我也不再想写下去了，还是搁下纸笔，去湖边走走，兴许能从微醺的清风中剪来几朵淡雅的小花儿似的画意诗情。

林 嫒　华侨中学　高二（6）班
指导老师　潘鸿斌

鲁迅之彩

你眼中的鲁迅，是什么样的颜色？

也许是火红——如焰心般热烈跳动的火红。

精神上的麻木比身体上的虚弱更加可怕。就算治疗好身上的疾患又怎样呢？若是无法从精神上振奋人们的心灵，拥有一副健全的身体就能救国了吗？所以鲁迅放弃了学医的道路，转而用笔作为利器。在我看来，这样的选择是一种转守为攻的姿态。正如熊熊燃烧的火焰一般，鲁迅用自己的笔，写下了一篇又一篇的文章。这又何尝不是一种战斗呢？"真的猛士，敢于直面惨淡的人生，敢于正视淋漓的鲜血"，"不在沉默中爆发，就在沉默中灭亡"，字字句句，如同利剑，如同火枪，深深地在人们心中留下鲜红的烙印。

也许是茶褐——饱满浓重的茶褐。

"我要向着新的生路跨进第一步去，我要将真实深深地藏在心的创伤中，默默地前行，用遗忘和说谎做我的前导……"《伤逝》中的涓生和子君，是两个拥有着个性解放、反抗精神的新青年。为了追求爱情，他们争取着自由，大喊着"谁也没有干涉我的权利"！就是这样一对思想进步的青年，最终却也被旧社会磨掉了棱角，离开了对方。这样的一个爱情悲剧到底是谁造成的呢？或许是社会制度的不公与压迫，然而更是有青年们自身的狭隘自私与怯懦。这样的故事，令人不禁想流下眼泪，却是一滴也无法掉落。更多的，只有对社会沉重的思考，以及对青年们的追问，我们该做些什么，才是改变这个社会，改变自己的正确方式呢？

也许是曜橙——向着大地绽放温暖阳光般的曜橙。

　　"我坦然，欣然。我将大笑，我将歌唱。"《野草》中的鲁迅，是在彷徨中不断思索与战斗的勇士。生命是什么？虚无是什么？在这样一个个的哲学问题中，鲁迅不断思考着。我仿佛看到了在心路历程上与一个个疑问绝望抗战的鲁迅。这不正像天幕上闪耀着光芒的太阳一般？疑惑时如灼热，通悟时如温暖，虽有彷徨，但绝不会停下光芒！

　　阅读鲁迅的作品，仿佛是在欣赏一幅画作。摊开长卷，直观地就能感受到作品与作品间色彩的碰撞。如果一味地认为鲁迅的作品就是充斥着批判与尖锐，那可就失去了欣赏这幅"画作"的精彩之处了。唯有慢慢地品读，才能体会出其中的奥妙。就拿我来说，在不同的时期去阅读鲁迅的作品，也会有不同的思考。小学时代，我只单纯地读得懂"字"，而对于这些字所组成的晦涩句子，我只认为这故事写得有趣；初中时代，我开始思考，虽是如此，也懂得了这是"批判"，是对旧社会的"抗诉"；而到了高中时代，我会进行更深入地思考，社会？人性？本质？这些东西慢慢在脑子里组织起一片网。我相信随着年龄的增加，再来阅读鲁迅的作品，又会看到一个不一样的鲁迅。

　　每个人心中都有一个鲁迅，或激昂，或低沉，或清逸，或浓重。每个人心中的鲁迅是十人十色、各不相同的。唯一不变的是，在当今，我们虽不处在动荡的年代，也不需要去批判社会去剖析人性，但鲁迅之名仍作为一个标杆，指引着一代人前进。而这一代又一代的青年们，也必定会带着鲁迅之彩，在未来的长卷中，留下斑斓的一笔。

张晓璇　集美中学　初三（4）班
指导教师　李丽

艾草青青

"你说，大地是什么颜色的？"

"泥土的黄色。"

"不，是铺天盖地的艾草的青。就像艾青的诗，一阵翠绿，一阵绒白。"

——题记

我不由得停住了脚步。

驻足在一片广袤的大地前，一阵清风拂过，面前翻腾起绿色的波浪，一会儿是朴实的绿，一会儿是单纯的白。

我翻开书的扉页，青绿的风儿夹杂着青绿的诗。

朴实，单纯，自然，朦胧。

就像艾青的诗，怀着满心的爱，像一棵棵雨后拔节的艾草，一个劲儿地往上长，从初生的娇嫩到成长的坚韧。

翻腾着的，都是一股郁郁葱葱的青，那是对祖国满腔希望的爱，那是对自然满腔真诚的凝眸，那是对生活满腔青春的向往。

我爱这土地

艾青是土地的儿子，他所有的最赤诚的感情是土地赋予的，也是所有的他所能歌颂土地的。

艾青在 1938 年写下了这首诗《我爱这土地》，那时中国的土地被敌寇的战舰踏在脚底，他们在中国人的土地上，跟中国人抢世世代代耕耘的土壤，抢辛辛苦苦建立起来的国家。

艾青在诗中把自己比作一只鸟——"假如我是一只鸟"。

一只在战火连天，深深爱着曾经土地肥沃、水草丰美的家的小鸟，它用嘶哑的喉咙歌唱，啼血的歌声充满了对敌寇的怨恨和对受灾受难的祖国母亲的热爱、追忆。

它不肯离去，直到用整个生命把歌声啼尽。

"——然后我死了，

连羽毛也腐烂在土地里面。

为什么我的眼里常含泪水？

因为我对这土地爱得深沉……"

艾青对土地的爱，对祖国的爱，完整地体现在了这最后的一句。

他棕色的眸子仿佛在那一刻被泪水盈满成悠悠的青色，他乌黑的青丝仿佛在一个昼夜就蹭了一头白霜，他那颗赤诚的心也仿佛一瞬间燃烧了起来，袅袅飘荡着蓝青的烟。

艾青的春天

艾草在三月初的春天拔节，四月份就能长成碧色的汪洋大海。那时候，一整个季节都是艾草微微的苦香，一整个季节都是一面绒毛一面生硬的多变。

艾青是苦的，·就像苦艾。

他的人生曾覆盖了太多的寒与霜——在"反右"中蒙受冤屈，被迫入狱；在东北大森林和新疆大沙漠中，一个人孤独地跋涉。20 多年的坎坷，使他的身心备受折磨。

然而他是一棵坚韧的艾草啊，他以追求理想的勇气，以反抗黑暗的魄力，深深植根于社会的土壤，和劳动人民共同经历风雨。

粉碎了"四人帮"之后，艾青迎来了春天，他陆续创作了许多激情似火的诗篇，他的《春天》阐释了这样一位"对光明的远景寄予无限祝福"的"笛者"——"从此我们和黑暗告别，太阳从东方徐徐上升"。

所有的冬雪仿佛绽成了一地的春花，艾草的海洋一浪推着一浪希望的青翠，人们抬头举目，唱着歌颂的诗章。

春天到了，新中国的春天到了，艾青的春天也到了。

就像他的诗——"在神话般的夜里，在东方的深黑的夜里，爆开了无数的蓓蕾"。

"你说，大地的声音是什么？"

"是清泉淌过石头，是花朵开在黎明。"

"不，是艾草萌芽时的声音。在伸手不见五指的黑暗里，攒足了劲儿往上冒。就像艾青的诗，唱着土地的坚韧"。

——尾记

叶子绿　　厦门一中　初三（8）班
指导教师　葛梅

保持微笑

那女子，不倾国，不倾城，却用那明媚的笑颜，处事不惊的态度，打动了所有的人。

——题记

鹅蛋脸上两叶细浅的柳叶眉，一双眼不算大，却像是月亮般柔柔地发出璀璨的光芒。嘴角轻轻扬起，笑得恬淡。这女子，就是杨绛。坦白说，杨绛年轻时并算不得是个出挑的美人儿，倒是老了后，岁月给她添上了那份使人心安的韵味。可无论她是年轻着还是老了，她的微笑都是那样的温柔自信，似天使般纤尘不染，连岁月都无法伤害到她一丝一毫。仿佛无论遇上了什么，都能够一笑而过。

杨绛的书，文如其人。看着《干校六记》《丙午丁末年纪事》等作品时，总是能感受到洋溢在字里行间的一种对生活的热情与对苦难的无所畏惧。在那段充斥颠沛流离的灰色年代里，有多少自尊的大师不堪命运的凌辱而死去。但杨绛与钱锺书这对老夫妻，却是相互扶持着，苦中作乐地走到了最后。在杨绛书中，我看到了她在干校受到的种种苦难与屈辱，扫厕所、运煤、被剃了阴阳头……可无论她遇到了什么，总是一笑了之，然后开始变着法子苦中作乐，想想如何才能够在现有基础上提高生活品质。在这些记录苦难的书里，就是看不到丧气话。有一句话是这么说的："登台就有高帽子戴。"本是上台挨批斗的不光彩事，短短一句话，变被动为主动，瞬间将这事儿变得颇有欢天喜地的味道，看出了杨绛心中的诙谐与活泼。在那样惨淡的日子里闪耀着她对厄运的勇气。

读着杨绛的文字，我似乎能够看见她在写书时脸上露出的笑容与那种调皮劲儿。她教会了我如何笑对人生，如何在困难面前能屈能伸，做一个坚韧的人。

在《我们仨》这本书中，我似乎从未看见有感叹号的使用，即使有了问号，也是用在必需的问题上，几乎是看不见任何书面上情绪的波动的。但这本书却饱含了杨绛对她丈夫与女儿的思念。面对他们的死亡，杨绛不难过吗？当然不是。但她没有哀痛地宣泄，而是将一切缓缓叙来。

在看《我们仨失散了》这样一个漫长的梦时，虽然杨绛一直用着一种安稳的语气讲述着一切，只在后来钱瑗与锺书离去时，细细写了那样一种孤独彷徨的感觉，却也从未听她说过"世界崩塌了"之类的话。看她所描绘的寒冬的夜晚，在驿道上胡乱地行走，晨曦的照耀下，独自站立在山顶。没有大动静，却已浸透出了浓浓的哀伤。尤其那么一句"老人的眼睛是干枯的，只会心上流泪"，给人带来了如暴风雨前黑云压境般沉沉的压抑感，一种无法宣泄的苦涩。我想，若是一般人，遇到这般大的变故，该是从此一蹶不振了，可是杨绛收拾下了所有的心情，一个人踏上了怀念三人的漫长征途。

读着杨绛的文字，我似乎能够看见她在经历伤痛后脸上露出的恬淡而坚毅的笑容。

看着杨绛写了那么多人生的经历，无论是坎坷或欢乐，从未见她流露出些大喜大悲的情感。看似是平淡无奇的，却可感受到杨绛对待任何事情时心中的那一种沉稳与对未来的展望。似乎，没有什么是不会过去的。快乐或是伤痛，最终会化作生活给予的礼物。我是真不知道她在写文章时究竟是笑了没有，但每每读起，笑从心生。是她教会了我，无论生活如何待你，始终应当保持微笑。

林 盟　湖滨中学　初三（7）班　指导老师　杨春华

永恒的存在

——走近冰心

"风雨后——花儿的芬芳过去了，花儿的颜色过去了，果儿沉默的在枝上悬着。花的价值，要因着果儿而定了！"

——《繁星》冰心

只要生命中创造了辉煌，就是永恒的。

对于我而言，冰心，在我的心中，亦是这样一个永恒的存在。

初识冰心，是小学的时候，《寄小读者》《再寄小读者》中的她，娓娓而谈，向我讲述着写作乃至人生的道理，她的名字透里一股温暖和亲切。但真正开始走近她，是从《荷叶母亲》开始。至今，我的脑海里还烙印着这样一句话："母亲啊！你是荷叶，我是红莲，心中的雨点来了，除了你，谁是我在无遮拦天空下的荫蔽！"那样一朵小小的红莲，顺着心潮涌入我的思绪。我开始渴望了解她的一生。

无数华丽的辞藻，各种各样的荣誉，崇高的评价围绕着冰心。她好像是中国文坛上的一座里程碑，高大，肃穆。但真正读着她的文字，却是那样清新隽丽。透着白纸黑字，可以深切感受到时空的那一端，是她满满蕴涵深情抒写的背影。让我忍不住，称她一声：冰心奶奶！

再多的简介，再多的赞美，不如真实地走入她的文字。

我喜欢冰心的《往事》，她称那些是生命历史中的几页图画，我确信，那一定是很美的图画。我喜欢《往事》里的那句话："假如生命是无味的，我不要来生。假如生命是有趣的，今生已是满足的了。"它让我刹那间觉醒于生命的短暂，而我如今却在做如此的乏味的事情。

我喜欢同冰心一起回到她的童年，去和她思索海，思索死后的坟墓，去畅想那人间永无法实现的墓碑。在自己幻想的夜空下读她的文章，时而将自己置身于流动的光辉中，那个如怨如慕的诗的世界；时而与她一起悲伤，那种乡愁麻痹全身的感受，恐怕是我这个幸福人无法体会的。风，掠着我的头发，觉着沁凉，但那时的冰心却是"灵魂上浮泛着流动的悲哀"，我渴望伸手去轻拍她的背安慰，却无奈于时空的隔阂。

我喜欢她描写回忆的笔触，真实、细腻，似水的柔情在我的心上随意奔流，沉淀在冗长的夜里，烙印在少年的梦里。

再走近一步，那一定是《繁星》《春水》了。那是一封封写给青年们的信，将它放在耳边，可以听到海边海螺的妙音，那是在诉说着青春的心语啊。将它置于眼前，仿佛看到漫天的繁星，星光透过雾层，莹然，灿然，直直地射到我的心上啊。她说："零碎的诗，是学海中的一点浪花罢。然而它们是光明闪烁的，繁星般嵌在心灵的天空里。"那一行行，一句句，冲刷着我的灵魂，感谢与这些文字的偶遇，涌出意外的思潮。读来，你绝对不会想到是在那样久前写下的文字。那蓬勃的生命力呼之欲出，是永不衰老的生命力啊。

夏末，夜，凉风起，襟上兰花气息，绕到梦魂深处。醒来，花儿的芬芳过去了，花儿的颜色过去了，果儿沉默地在枝上悬着，花的价值，因着果儿而定了。文字的价值，因着冰心而定了！永恒的存在，因着冰心而定了！

陈秀雯　　厦门一中集美分校　高二（5）班
指导老师　黄炜

《随想录》里随想大师

我们可以这样评价他在"文革"中的"姿态"：他，苟且过。巴金，也是在"文革"中遭受过迫害的文人，但他并没有像邓拓、田家英、傅雷、吴晗、老舍那样以死抗争，而是在生活和精神的困境下，为了活下去，不惜任意写下了表态文章，使他得以度过那段噩梦般的日子。

读着读着《随想录》，我似乎明白了：精神奴隶，是巴金在那十年乃至一生的痛呀。随着巴金对自己及"文革"的反思不断的深入，揭露在世人面前的现实也越来越清晰和残酷。巴金不断反省自己的"文革"经历与奴隶意识的联系，他发现在"文革"初期他也曾像奴隶似的心甘情愿地低头认罪，主动改造思想，而在《十年一梦》中，他痛苦地喊出了这样的自谴："奴隶，过去我总以为自己同这个字眼毫不相干，可是我明明做了十年的奴隶……我就是'奴在心者'，而且是死心塌地的精神奴隶……"他是明白是非的，但却因生活和精神的双重压迫，使得他放弃了作为一个新文学运动家所该具有的正义。这也正是他何以会在"文革"中变成精神奴隶的原因。

然而，我更佩服的是他之后的自我解剖和自我认识的勇气。"人非圣贤，孰能无过；知错能改，善莫大焉"。《随想录》是巴金用全部人生经验来倾心创作的，更是对"文革"及其一生所犯的错误的反思。老年巴金如果没有对美好理想的追求，没有对完美人格的追求，没有高度严肃的历史态度，他就不会动笔。而《随想录》恰恰正是晚年巴金对这三点的高度诠释。巴金写《随想录》的出发点非常明确，就是要对"文革"作出个人的反省。正如他在后来所写的《随想录》合订本新记中说的："拿起笔来，尽管我接触各种题目，议论各样事情，我的思想却始终在一个圈子里打转，那就是所谓十年浩劫的'文革'。住了十载'牛棚'，我就有责任揭穿那一场惊心动魄的大骗局，不让子孙后代再遭灾受难。"面对过错，面对"文革"，面对自己的真实的内心，巴金最终还是选择了诚实，诚实面对自己，诚实面对大家，诚实面对子孙后代。好一个巴金。

我认为，大师并不仅仅是能写出鸿篇巨制和旷世奇文，更难得的还在于他能够通过作品激励读者和后人敢于面对现实，敢于自我反思和自我解剖，在反思和解剖中去追求人生强大的精神支柱。这部全长四十二万字的散文巨著，对于年届八旬的巴金来说，不仅意味着工作的艰辛，它还更是一次老人对自己心灵的无情拷问，是一次伴随着内心巨大冲突而逐渐深入的痛定思痛的自我忏悔。而恰恰是这番"痛定思痛的自我忏悔"，引领着更多的人去拷问自我的良知，去忏悔过去的罪行。他的精神力量是无穷的。

因此，尽管他曾犯过错，但他的精神和勇气是不可磨灭的，他文学巨匠的地位更是无法撼动的。我爱他的文章，但更爱他那痛定思痛的精神。

巴金，是我心中永远的尊贵长者和伟大的精神导师。

程惺鑫　集美中学　高二（1）班
指导教师　詹桂英

读《差不多先生传》有感

偶然间读到胡适先生的《差不多先生传》，讲述"差不多先生"的"差不多"的人生，批判中国人苟且任事的生活态度和至死不悟的糊涂本性，呼吁中国人认真生活，启迪中国青年认真做事，做新时代的楷模。

"差不多先生"最常说的话就是"凡事差不多就好"。他不在意"千"字和"十"字的区别，在金钱上极为糊涂；他也不在乎郎中与兽医的区别，以至命丧兽医之手。他的不肯计较的人生态度实则是安于现状、不思进取；他的看似豁达的言行，实则混淆了是非，丧失了原则。当差不多先生不肯计较兽医之误治而被众人视为豁达而大加赞赏时，恰恰说明"差不多先生"在中国之多矣！

辛亥革命消除了两千多年的封建帝制，却难以彻底消除人们的奴性思想。奴性思想使中国人习惯于屈服而不习惯争取，习惯于流俗而不习惯创见，习惯于被领导而不习惯自我主宰。当"自我"总是被放在受他人支配的地位，凡事想要认真，想要计较，大抵也难。这样一种"差不多"式的活法，八十余年前的中国是很普遍的。

胡适先生说过："争你们个人的自由，便是为国家争自由！争你们自己的人格，便是为国家争人格！自由平等的国家不是一群奴才建造得起来的！"显而易见，新中国的伟大复兴需要的是一群有思想有主见的青年，而不是被奴性思想所束缚的青年，更不是奉行"差不多"态度的傀儡。

胡适先生的《差不多先生传》写作于八十余年前，当日读来，警策在耳；今日读来，亦觉振聋发聩。

胡适先生一生奉行"认真的做事，严肃的做人"。试问当下，如此认真做事，严肃做人者几何？君不见，教授晋职，论文剽窃时被披露；医生行医，价高择药屡见不鲜；猪肉牛奶，关乎民生，竟损名声！倘使工业酒精与食用酒精差不多等同，工业明矾与食用明矾差不多等同，倘使行行业业皆是糊涂先生当道，"差不多主义"盛行，试问诸君，衣食住行安心否？"切除食指"误写"切除十指"，于小学生而言，不过是个错字，于医生而言则是严重的医疗事故，岂能以"差不多"视之！事事皆举"差不多"之大旗，即是事事马虎、事事敷衍。凡事总不肯认真，凡事都不追求精准，于个人言，易损人格；于集体言，易损荣誉；于国家言，易伤国格。中国与日本，一衣带水，钓鱼岛属于中国，属于日本，难道也差不多？

只要中国青年一日有"差不多"人生态度，胡适先生的思想与态度就一日不会过时。

中国青年是中国的新希望，谨此希望我们所有青年人都能遵循胡适先生的教诲，做一个有思想、有创见、有责任、有追求的新青年，共同创造祖国更加辉煌的明天。

高允彦　　集美中学　高三（4）班
指导老师　李志鸿

品老舍

若是问起周围的同学，对老舍先生的记忆大概都一直停留在小学课文《趵突泉》。那么从什么时候开始我爱上先生，又读了多少先生的作品呢？我已经记不太清了，但我想，我永远不会忘记读《我的母亲》时，对先生人格魅力的钦佩，为他对母亲的爱而感叹；也不会忘记读《济南的冬天》时，仿佛是在欣赏一幅色彩清淡的水墨画，真实得令人叹为观止；更不会忘记读《诗人》时，那种似乎能走近先生灵魂的感受。

老舍先生就像是北京人情世态的风俗画师，通过浓厚的京韵把这种热爱传递给了我。我总是梦想着有一天也到北京生活，向往着在老北京悠长小巷中穿梭的自由。前年与父亲一同去往北京，才有幸参观了先生的故居。那一个幽静而优美的丹柿小院，还有一只小胖猫。先生是个拥有质朴生活情趣的人吧，当时我猜想。

为了能更了解老舍先生，我查阅了许多资料。有人说："看了老舍，才知道什么是大智慧。张爱玲、钱锺书是聪明人，但不是太宽容。老舍的东西就透着他对生活的态度，大气、乐观、智慧。"

相信读过老舍先生的人一定不会忘记那幕幕惨烈的现实，反映了生活在社会各个角落里人们的苦难、悲哀、挣扎，可是先生所用的语言却让人感到舒服熨帖，似乎不会伤害任何人的自尊。向来，人们总是说语言苍白无力。我想，其实是因为文学的修行不够。语言的魅力与人生的体悟被先生仿佛是无意间就信手拈来，像一个诤友对你静静地述说，你绝不会感觉厌倦。

作家马德曾经说过，至深的平和，一定经过命运浮沉的洗礼，一定经过生离死别的考验，一定经过爱与恨的煎熬。这时候平和下来的生命，已经沉静到扰不乱，已经稳健到动不摇，已经淡定到风打不动。我想，这句话说的就是先生。

先生为人平和，恬淡。而现在的我们整日忙忙碌碌，像一群无头无脑的苍蝇，喧闹着，躁动着，听不到自己内心深处的声音。时光流逝，童年远去，我们渐渐长大，岁月带走了许许多多的回忆，也销蚀了我们心底曾经拥有的那份童稚的纯真。我们沉溺在人世浮华，专注于利益法则，这真的是我们想要的吗？还是我们也不知道呢？我们把自己都弄丢了。

是先生让我明白我，该做一个怎样的人。我们总是以为我们都知道，其实有时候不知道。当我们能真正以一颗平和的心开始懂得的时候，才是自由，更是对别人宽恕的时刻。

先生总是笑容可掬，彬彬有礼，即使知道这个世界并不那么善良。我走在北京的小巷里，耳畔仿佛是先生对我轻声细语：看清这个世界，然后爱她，拥抱她。

先生的大智慧绝不是天生，来源于他的平和恬淡，繁华落尽的洗练，而正是这种态度影响着每一个读者，让我们无论身处何境，都能有信心让明天变得更好。

周芷菡　外国语学校　高二（11）班
指导教师　薛佳婧

他的湘西世界

　　《边城》呀，早就大名鼎鼎如雷贯耳了；而沈从文先生，也早已因他的湘西，成为中国现代文学史中一个无法忽略的名字。

　　读罢《边城》，心里感觉到的是一股赤诚的想法，是翠翠、傩送、天保、老船夫，用他们的天性、质朴演出——不，是流露出的性情和真实。

　　这样的真实的性情，促成了他们的喜怒哀乐、生死离别，也促成了他们这曲折坎坷的故事。《边城》里的人物，是真正的人，是仿佛有生命的人，是牵着故事走而非仅仅是作者笔下的木偶。沈先生所做的，是赋予了人物丰满的性格之后，便由着他们书写自己的故事了。看先生写得多好："翠翠在风日里长养着，把皮肤变得黑黑的，触目为青山绿水，一对眸子清明如水晶。自然既长养她且教育她，为人天真活泼，处处俨然如一只小兽物。人又那么乖，如山头黄麂一样，从不想到残忍事情，从不发愁，从不动气。平时在渡船上遇陌生人对她有所注意时，便把光光的眼睛瞅着那陌生人，作成随时皆可举步逃入深山的神气，但明白了人无机心后，就又从从容容在水边玩耍了。" 这样的女孩子，在先生的笔下，出落得如同眼前人一般，怎会叫人不怜惜呢？

　　这些个鲜明的人物，构成了一个内涵丰富的故事，当中有湘西小城的风貌、有人情世故的变迁，还有翠翠与傩送、天保的感情纠葛与悲剧。先生用一本书，勾勒出了他心中的湘西，一个真实的世界。这本书，这个故事，现实而残酷，但又不乏温热的体温。

　　湘西对先生而言，到底是什么？湘西是先生的故乡，却又超脱了故乡。先生经历过五四思潮的洗礼，对自我、民族都有了理性的思考，使得先生在认识到社会形式中所体现的生存姿态后，做出了反省与接受。《边城》成文于三十年代，先生的生活里充斥的是生命走向死亡的循环，所以他用一个美丽的湘西，补足了他成长中的缺憾。这不禁让人联想到先生后半生的沉寂。后来的境遇，并没有抹去他的才华与尊严，他的选择是用《中国服饰考》等研究著作填补自己内心的空白。用文物研究坚守心灵的净土，看似妥协，但又何尝不是对人性光辉的坚持？

这是先生所追求和倡导的。他用湘西系列成就自己对故土的留恋，同时也用丰富的著作践行了他在文学中所倡导的诚实。他认为，伟大作品的产生，"只有一个方法，就是作家诚实地去做"。看看先生的作品，没有华丽的辞藻，没有太过曲折的故事，没有为了某些效果而刻意营造的氛围，一切自然而然水到渠成。这归功于先生的才华、阅历，更重要的是，对家乡的熟悉、坚持和热爱，还有对文学创作的独到理解与不懈追求。

这使得我想起了林徽因。将林徽因先生与沈从文先生相提并论，除了两位同为京派作家以外，还因林先生曾作文指出："作品最主要处是诚实。"林先生所作的中篇小说，取材于自己熟悉的北京和自己的成长经历，以女性的态度和视角，下笔富有艺术性，行文灵动清晰，结构更开启现代小说之先河。林先生的文学作品虽不多，但字字珠玑。林先生作品里的诚实，体现在行云流水般畅快的叙述里，坦荡荡，一眼就能看见的。大家风范皆在这字里行间了。

先生成为不朽，《边城》使人铭记。

曾宪力　外国语学校　高二(13)班
　　　　　指导教师　吴象斌

追求光和热的人

> 为了追求光和热，人宁愿舍弃自己的生命。生命是可爱的，但寒冷、寂寞的生，
> 不如轰轰烈烈的死。
>
> —— 题记

　　曾经有一个人，为了追求光和热，在那个黑暗的年代里，用自己的笔唱响了一篇篇最壮丽的交响乐。这个人，就是巴金。

　　笔锋陡转，千言万语已跃然纸上。巴金的作品，在那个时代就流传甚广，是他，道出了年青一代的心声和不屈的呐喊。在《家》中，我们看到的是一副副朝气蓬勃的面孔——觉新、觉民、琴，他们在混沌中觉醒，用内心和行动去抵抗在时代潮流中即将谢幕的封建礼教。在与封建家庭斗争中，有的人胜利了，收获了甜蜜的爱情；有的人妥协了，饱尝伤心的苦果。这一切，有的是欣喜的，有的却令人扼腕叹息。纵观巴金的《激流三部曲》小说，不正是反映出当时千千万万新一代人内心的呐喊！

　　转眼间，时光已流淌到二十一世纪的今天，或许人们已经忘记这段痛苦的历史，但当今的生活不是也曾遇到这样或那样的抉择，令我们犹豫，令我们两难吗？巴金的话，给我们指明了一条坚守内心的道路——为自己活着，给自己的人生绘出一幅骄傲的画卷。

　　纵观二十世纪以来，很少有人像巴金这样真，这位老人无论何时都愿意讲真话。他读完《忏悔录》后，以卢梭为榜样，坚定不移地讲真话，从不妥协。"文革"的虚假欲加之罪掩盖不了他的正义，但他也因此而备受煎熬。牛棚里的生活，妻子的离去，残忍的批斗，使他在肉体和心灵上同受重创。然而，作家的笔锋却越来越犀利，思想越来越深刻。是的，巴金挺过来了，而且还进行了深刻的反思。作为一位有爱国心的作家，在报纸上连载了《随想录》。

《随想录》，也是巴金晚年最为著名的作品之一，同时客观地写出了当时"文革"时期的场面，巴金以一个过来人的身份，去解读这段历史，也同样进行了自我的忏悔。他痛恨自己在"文革"时期的软弱，内心的愧疚在文章中一览无余。印象最深的莫过于《小狗包弟》，在包弟身上，我们深深地体会到巴金对它的珍爱，可结局却又不得不因保全自己而把它送到实验室。我们可以看到这位老人为不能保全一只小狗的生命而对自己进行严厉的质问。而事实上，他大可不必埋怨自己，因为在那个时代，很多事是身不由己的。可巴金依然不肯原谅自己，实话实说，把自己的惭愧放在笔尖上逐一解剖。是他，讲出了别人不敢讲出的真话，是他，勇于分析自己的缺点，追求自己的理想和人间真情。

巴金，一代大师，为现代人作出了出色的榜样。他的理想，他的信念，对自由的追求，对民主的渴望，从他的身上一一体现。要成为一位大师，不仅仅是因为作品辞藻丰富，还需要拥有一颗超乎常人的仁爱之心。巴金老人，无愧于一名光荣的人民作家。

巴金说过："我不配做一盏灯，那么就让我做一块木柴吧！"为此，他无怨无悔！

江宜珊　华侨中学　高二（5）班
指导教师　周晓云

小议"大胆的假设，小心的求证"

——读胡适《治学方法》有感

禅宗和尚曾说过："菩提达摩东来，只为寻一名不受人惑之人。"这句话不禁让我想到了五四运动的代表人物胡适先生所提出的一项治学方法："大胆的假设，小心的求证。"大胆地提出自己的想法，而后小心地亲自去求证出来，这样便大可不必担心"受人惑"了。

想要悟到这项治学方法其中的奥妙，那还需先理清这项治学法的思路。首先，"大胆的假设"的意义何在？之所以要"大胆的假设"，是为之后的"求证"引好一曲完美的前奏。如若没有"假设"，何来的"求证"？大胆把自己的所想假设出来，无疑也是给予了自己去勇敢求证的信心。唯有大胆去假设了，才能使你的所求成为可能并且实现。至于该怎样去完成初步的"假设"，那便需要你足够的想象力，足够的勇气，足够的耐心，更需一定的知识积累。提出一个令你耿结于怀的疑问，并且大胆地把自己所拟的假设加之于上，不管这个假设是否合乎情理，是否为世人所接受，只要大胆把它提出来，你就已经叩开了那扇通往真理的大门。

既然已大胆把想法假设了出来，那又该怎么去实现"小心的求证"呢？在我看来，求证的过程并非纸上谈兵，而是需要方法、证据与实践来加以达成。从提出假设到求证成功，这其中的过程正是需要正确方法的引导。再者，如果没有证据，那么即使求证出了结果，似乎也只是水中之月，风过即碎。而实践在求证过程中发挥的便是决定性的作用，实践是检验真理的唯一标准，没有经过实践而得出的结论，也只是站不住脚的无凭之论。

　　在依着我自己的理解理清了这项治学法的思路之后，我忽而想起了邓小平爷爷和他所完成的改革开放的成就。在十一届三中全会上，他对我国社会的未来发展大胆提出了进行改革开放这一假设，并且付诸了实践。在他对这条改革开放道路进行探索的同时，他也提出了"摸着石头过河"这一探索方法，也就是求证方法。这个"摸"的过程，也就等同于小心求证的过程。小平爷爷的这项大胆假设，在他小心的求证与实践过后，取得了改革开放三十年的巨大成就。当然，社会道德伦理的建设与经济建设还存在着一定差距，但我们不能否认改革开放的成功所带来的社会进步与人民生活改善。

　　邓小平爷爷的例子向我们证明了"大胆的假设，小心的求证"这一治学方法的科学性与适用性。而这项治学法的运用不仅在改革事业中可见一斑，在我们青年一代的身上，在我们为人处世方面依旧颇为有用。

　　当你进入一个新环境、新集体时，需面对众多张的陌生面孔。在与这众多的新个体日益接触中，你便可以对一些你觉得道同志合的人作出大胆的假设，试着与他们更多的相互接触了解，与此同时小心地去求证，看他们是否真正值得你去深交。唯有经过这一过程，你才能真正领悟到这项治学方法的益处。

　　"大胆的假设，小心的求证"，这看似直白的语言之下却蕴含着足以真正领悟至内心的人生之哲理。杜威在他的《思维术》中也谈到了与这项治学方法有密切关联的"思想五阶段"，看来哲理相通之处即是我们学习与采用之处。

　　所以请"大胆"提出对于自己人生意义的"假设"，并且"小心"的在岁月历练中，逐渐"求证"出那在多年前就已被"假设"出的你真正的人生意义。

罗思杭　厦门六中　初三（7）班　指导教师　陈丹丽

一笔色彩·改变命运

——品读鲁迅

　　曾听过一句这样的话："一滴墨水可以引发千万人的思考，一本好书可以改变无数人的命运。"我觉得这说的没错，一个人的一生中确实是会有一本书会改变他的命运，而鲁迅的书确实改变了一代又一代人的命运。不是么，而我也是其中一个。

　　还记得当年懵懵懂懂的我还只是一个只懂得画画的小女孩，我单调的画纸上只有那朦胧的樱色和淡淡的浅蓝，梦幻而又有着那丝丝的模糊，我好像找不到那前进的方向，仿佛是在浓雾中迷失的旅人，迷茫而又恐惧，不知道前方的路到底是通往何方。可是有一天，忽然有一个留着直竖着寸把长的头发，隶体"一"字似的胡须的一位男人，用他那粗糙而有力的大手在我的画布上挥下了浓浓的一笔色彩，那色彩，似那鲜艳的红，似那明艳的黄，引领着我走向前方的路——那人，便是鲁迅先生。

　　第一次读鲁迅先生的文章，我还是一位小学生，当时的课文还依稀记得是《少年闰土》，我特别喜欢那篇课文，"深蓝的天空中挂着一轮金黄的圆月，下面是海边的沙地，都种着一望无际的碧绿的西瓜，其间有一个十一二岁的少年，项带银圈，手捏一柄钢叉，向一匹猹尽力的刺去，那猹却将身一扭，反从他的胯下逃走了"。少年闰土那英雄般的形象是那么的活灵活现。不仅如此，文中还讲到了捕鸟的方法，捡贝壳……那一个个有趣又新奇的游戏深深地烙印在我的心灵。那时，我还真期望着哪天真有一个闰土哥哥来带我去捕鸟，去捡那稀奇古怪的贝壳，鬼见怕，观音手……一个个童真可爱的梦想在我的心中种下，那生动有趣的文字如同雨水般滋润着我，浇灌着我。小小的我，心中开起了漫山遍野的鹅黄花朵，风儿吹，在心中轻盈地随风摇摆，摇摆。

当年那朵鹅黄的花朵在今日开放得愈发鲜艳，愈发活力。可是我哪知在那漫山遍野的花朵下，何时悄悄地开着如火焰般的花朵，也不知多年后那红色的花朵将开满心头，如熊熊的火焰一般。

随着年纪如爬楼梯一般的越来越高，我阅读先生的文章也越来越多，《从百草园到三味书屋》《阿长与山海经》《藤野先生》《雪》……一篇篇文章出现在眼前，先生的文章是那么的有趣，那么的令人深思。随着年龄的增长，我渐渐喜欢上先生笔下那犀利的语锋、忧国忧民的思想。

特别是《藤野先生》中，那"标致极了"的清朝留学生，匿名信里可笑的那句"你改悔罢"，那正直热诚、治学严谨、没有狭隘民族偏见的藤野先生……但记忆最深的莫过于那部电影：被日本军捕获的中国人，要枪毙了，围着看的也是一群中国人。我读到这一句时，鼻头猛地一酸，这是多么无知而又令人痛心的啊！先生正是因为这而改变了学医的道路。没错，要医治人固然是重要，但更重要的是改变人们的精神啊！先生毅然走上了用笔作为武器的道路，正是因为先生的笔墨，正是因为先生一句句铿锵有力的措辞，人们开始渐渐改变了，先生的文笔与精神改变了人们的命运。还记得那《一面》中的阿累吗？正是先生，给了阿累在种种艰苦和险恶面前坚强不屈的力量源泉，正是因为先生，给了阿累巨大力量，改变了他一个处于社会最下层的公交车售票员的命运，从而走上了革命的道路。而我的心中也像许多看了先生文章的人们一样，燃起了熊熊的火焰，这把火焰来势汹汹地将我心中的墙头草烧成灰烬，把我的幼稚，把我满脑子全是欧美韩日的盲目崇拜全都烧得一干二净，把我可笑的"认为如果在这个时代还一味爱国不就是太顽固不化"的思想给打碎。正是因为先生的书使许许多多的人们觉悟，使我更加坚信——身为中国人如果不爱国，那还有谁来爱国！身为中国人如果不觉醒，那个还在沉睡中的"东方雄狮"怎么会醒来呢！

闭上眼睛，灰暗的青衫、直立的头发、冷俊的面庞、消瘦的身姿仿佛就在我眼前。先生用他那句有名的"横眉冷对千夫指，俯首甘为孺子牛"来告诉我一个朴实的道理：对敌人绝不屈服，对人民大众甘心像牛一样俯首听命，鞠躬尽瘁。先生用他那独特的一滴墨水，把我心中的迷雾拨去，将我带领到正确的道路上，他用他的一滴墨水，激起我的爱国情操，引发我的人生思考。他更是用他的一滴墨水，改变无数中国人的命运！

陈谨儿　厦门一中　初三（8）班
指导教师　葛梅

比烟花更寂寞

　　纳兰容若，缓缓道出这四个字，唇齿留香。仿佛一杯浓香只可惜已经冷却的清茗。它是一段令人倾倒的传奇，他是一位比烟花更寂寞的词人，他是我心中跨越年华的大师。

　　纳兰词，像明镜般直抒胸臆，凄美艳丽，让人读出了纳兰看到了自己。在斑斓若星河的纳兰词中，我是多爱那一首："谁念西风独自凉，萧萧黄叶闭疏窗。沉思往事立残阳。被酒莫惊春睡重，读书消得泼茶香。当时只道是寻常。"

　　清空如话，将对亡妻的思念，对旧时光的追忆，一点点地融入每一字每一句。像柔声的呢喃，又像不起波澜的水面，带着盈盈的笑意。

　　那仿佛是一个略显落寞的背影，披着夕阳静默着。残阳疏窗下，无言地看着落叶萧萧，陷入时间里。西风又来过，像蝶的翅膀轻轻掠过心海，翻起心底的片片心事。脑海中闪现出种种曾经，这些曾经却因现实的残酷而显得遥不可及。伊人已逝，只留下容若在惨淡的夕阳下黯然神伤。多少美好和甜蜜总是在不经意间默默地降临。回过头，深深驻足凝望那些曾发生在自己身上的片断，才发现美丽总是脆弱的，只有失去时，我们才会意识到它曾存在的价值。零零落落的怀念，堆积起如山的遗憾。回忆，思念，追悔，痛心，回也回不去的绝望。如烈酒一样灼人心脾，却无处倾倒。这无人可谈的寂寞就在清唱之间，当时只道是寻常，寻常哪。

　　捷克人曾说：生活在别处。

　　容若道：我是人间惆怅客，知君何事泪纵横，断肠声里忆平生。

　　他身处灯红酒绿，却总是游离于繁华纷扰之外；他才华横溢，家世显赫，拥有凡人所渴慕的一切，可同时他又承受着难言的悲哀和寂寥。越是万事无缺，享受着物质丰裕，越是觉得内心空虚，掌心一无所有。他虽是康熙御前侍卫，但终究是政治牺牲品，匍匐在皇权下。他的血管里流淌着八旗子弟的豪放，可悲剧就在于，上天给了他才华和抱负，却一生不给他施展的机会。

　　表面固然是光鲜亮丽，内心却充斥着高处不胜寒的凄凉。在尘世里翻滚，他跋涉虚无之境，有着比烟花更绚丽的外放，却有着比烟花更寂寞的内敛。

　　三百年前，一阕阕词如烟花绽放般翩然落于纸上。三百年后的当下，我释卷叹息。历经了三百年的沧海桑田，纳兰词依然美丽，如光环围绕一般，作为清朝第一词人，纳兰容若横绝一代，惊艳耀眼地出现，前无古人后无来者地存在。

　　他留下了直指本心的每一字每一句，更留下那比烟花更寂寞的精魂，明日天涯，必有无数思忆追随。

赖心莹　　厦门一中　初三（9）班
　　　　　　指导老师　郑碰玉

文坛上的一朵清荷

——也读朱自清

　　早先是对 "自清"这个名字赞不绝口。直到先生为了勉励自己不同流合污，在20岁时改此名。自此，廉洁、正直、清清白白成了先生的写照。青马褂、圆眼睛、顺贴的头发、坚毅的眼神、不屈的表情，朱自清先生在我的印象当中，是如此朴素，却如此刚毅，宛如一朵清荷。

　　读过不少朱自清的作品，每一篇、每一句，都是如此脱俗，清新而独特。喜怒哀乐、情景交融，文字流淌于他的笔下，似涓涓清流汇入了中国现代散文的天地，增添了一抹纯净的色彩，也滋润了千万读者的心，往往令人赞叹不已、爱不释手。

　　朱自清先生的文笔，就如荷花一般细腻婉约。

　　若不是亲自品读他的文章，你绝不曾想到，堂堂七尺男儿的笔下，有如此柔美细腻的文字。初读《绿》的时候，不禁惊艳于朱自清先生的笔触了。梅雨潭飞花碎玉般的美丽，在朱自清的笔下闪动着灵动的绿光，倏地钻进你胸怀里，便觉得眼前一片明媚了。满世界的绿色，正如文中所说"像鸡蛋清那样软，那样嫩，令人想着所曾触过的最嫩的皮肤"。这该是多么清，多么新的生命呵！作者不由自主地把它比作温润的碧玉，把它满怀喜悦地称呼为"女儿绿"，却不知在我的心里，早就因为朱自清先生笔下最奇幻的描写，埋藏下了这样的一汪绿色，盈盈地映在脑海深处了。

　　要说最使人陶醉其中的语言，莫过于《桨声灯影里的秦淮河》了。在精美绝伦的雕镂窗格间，在晕着一片朦胧烟霭的灯彩里，在逗起缕缕涟漪的波澜上，把我带进了那样一个夜晚，那样一波美丽的秦淮河。恰似雾里看花，水中望月，河上一切的一切都是朦胧而袅娜的。作者笔下"笙歌彻夜"的秦淮河，谜一样地吸引着人们去揭开她的面纱，一睹她的风采。远远的清风抚着脸面，也捎来一曲悠远的歌儿，隐隐约约的清澈嗓音，又似犹抱琵琶半遮面的美丽女子，唱出了江南的婉致有约。朱自清先生的文字，处处散发着魅力，就这样在悄无声息中，把秦淮河上的丝丝雾气，渗到你的心里去了。

朱自清先生的情感，就如荷花一般清澈坚贞。

他把生活中最平凡却最深切的情感，用文字穿针引线，丝丝入扣地缝进了文章深处。《背影》里蹒跚而艰辛的父亲的背影，深深地烙印在朱自清先生的心灵深处。这是怎样一个如此细心、如此爱子心切的深沉父亲，又是怎样一个懵懂无知却学会了感恩的儿子啊！每每读至此处，作者凄然泪下的无限伤怀和感叹时光飞逝的思父心切都跃然于纸上，敲打着心灵。作者对亲情没有珍惜的后悔莫及更提醒世人，生活中最平凡的亲情，往往因太平凡而被忽视。不要待到分离之时，才懂得珍惜，让它永远地成为遗憾，挥之不去。

最触动我心灵的，是朱自清先生满怀深情写下的《给亡妇》。他用最朴实的话语，细细絮诉说着家常，慢慢吐露着自己对亡妻的牵挂。亡妻的所有心思，先生都是感激地放在心底的。满心惦记着孩子和丈夫，直至自己累垮了身子。干枯的笑容在黄蜡般的脸上，作者却只能"叹息而已"。作者不禁回忆起与亡妻共渡十二载春秋，有整整十一年她都耗费在孩子身上，拼命地把满腔的爱灌注在孩子身上，却一点也不倦，一直把力气"用到毁灭为止"。还有一个细节更令我感动，对嗜书如命的作者，即使在逃难的时候，朱自清先生的亡妻也始终带着他满满一箱的书本，就像守护着对丈夫的爱。这位伟大而美丽的妻子与母亲呵，你是否看到朱自清先生曾久久伫立于你的坟前，让朝露湿润了鞋，更让泪浸满了衣襟？你是否听到先生日日夜夜思念着你，并为背负了责任而累坏了身子的你感到深深的自责、愧叹？而先生此时唯一的心愿，唯有文中写的那样——愿你好好放心安睡。如此一份忠贞不渝的爱，怎能不叩响心灵深处的弦？

朱自清先生的气节，就如荷花一样高洁傲岸。

《毁灭里》，他或热切地追求光明，憧憬未来；或有力地抨击黑暗的世界，洋溢着反帝国主义反封建的精神。

《正义》里，作者踏上了寻找正义的旅程，高声呼唤着人们心中的正义。是的，假名行恶的人嘴里唱着正义的名字，手里却满满的握着罪恶。这不是正义。作者说出了黑暗的现实：在没有权威的地方，正义的影儿更弯曲了。名位与金钱的面前，正义只剩淡如水的微痕了。这，更不是正义。而作者最终找到了的正义，就深埋在每个人的心里！抛却优先的自私，让正义成为"第一个冒出脑海的尖儿"。只有如此，我们才能从容地瞻仰正义的面目了。而这样难能可贵的正义，正是朱自清先生毕生所追求的。

《荷塘月色》中，清幽的月光，静谧的水塘，碧绿的荷叶，婀娜的荷花，无不令作者触目伤怀。独具匠心的观察和委婉细致的描写之中，我看到了大革命失败后作者在黑暗的现实面前怅然若失，寂寥郁闷的复杂情感。

抗日战争打响后，朱自清先生宁愿挨饿也坚决不接受美援面粉，最终因严重的胃病而逝世。朱自清先生坚守住了中国爱国知识分子的高尚气节，捍卫了作为一名中国人的铮铮傲骨，是我们民族的骄傲。

毛主席说："应该写朱自清颂。"朱自清先生的骨气，似标杆一样激励着一代代人前进。他是如此脱俗，如此坚贞，就如同他的文章，就如同《荷塘月色》中一朵出淤泥而不染的清荷，久久地绽放于文坛之上。用它的清新，用它的正直，用它的脱俗，洗涤着所有人的心灵。

张旖馨　厦门九中　初二（1）班
指导老师　陈易嘉

从《匆匆》到生活

缕缕怅惘寄托着奔涌的情思，声声叹惋散发着浓郁的哀愁。融入朴素的自然景观，打造一片清隽淡远的意境。从无形到有形，从隐现到明晰，起伏的浪花拍打在每一位读者的心头，这便是朱自清的《匆匆》。

电脑中播放着《匆匆》的朗诵，伴随着背景音乐那悠扬的琴声，从起初那平淡的声调，一层一层递进，转化为感叹。从文章的字字句句中，我清楚地听到，时间滑翔而过的声音，没有迂回婉转，更没有大步流星，而是已无形在人的心上划出一道道弧形的美。这种美，朴素中带着一丝端庄，淡雅中又多了几分秀丽。时间的美，悄然而过，飞快流逝，不为任何人任何事停留，哪怕是一秒。

曾经，在一节心理课上，老师让我们做了一个游戏。拿出一张长长的纸条，现在，将它当做你的生命，你一生的时间。"现在，估计你们一生睡觉的时间，将这段长度从你们的纸条上撕去"。我们照做了，纸条虽然短了一截，但仍是那么长。然而接下来，我们又分别撕去了吃饭、洗漱、玩耍娱乐的时间。那张长纸条，最终只剩下短短的一小截。我们撕纸的动作和速度，也由原先的迅疾不屑转化为了缓慢与不舍，感到惋惜。"这就是你们剩下的生命，剩下的时间，你们将用它做什么"？我们面面相觑，紧紧捏着这张小纸条，没有回答，但沉默中我们已经明白了这个游戏的意义。

所有的人都觉得人生太长了，时间太多了。时间就像一把沙，它轻轻地从你手指的缝隙中漏出去，不留痕迹，你察觉不到。而当你真正开始惶恐，沙子已经漏走了太多，你想拼命抓它回来，但它却漏得更快。朱自清也是如此，对"去日苦短"恐惧悲伤，《匆匆》一文真实地反映了他对时光的严肃思考，暗示要自己惜时奋进，不要虚度光阴。

正如他在文中所写的："燕子去了，有再来的时候；杨柳枯了，有再青了的时候；桃花谢了，有再开的时候。"简单勾勒出一个淡淡的画面，不在于描绘春景，而是把我们带入画面，表现的大自然的荣枯，是时间飞逝的痕迹，由此追寻自己日子的行踪。可是"我"的日子却"一去不复返"，看不见，摸不着，是被人"偷了"，还是"逃走"了呢？自然的新陈代谢的迹象和自己无形的日子相对照，在一连串疑问句中透出他怅然若失的情绪。"像一滴水滴在大海里，我的日子滴在时间的流里"。把自己八千多个日子比成"一滴水"新奇的比喻，极度的夸张，和喻成大海的时间之流的浩瀚相比，而突出自己日子的"没有声音，没有影子"的特点。八千多日子悄无声息地"溜去"了。时间之无情，生命之短暂，使诗人不禁"头涔涔"而"泪潸潸"了。

淡淡的哀愁中透出朱自清心灵不平的低诉，反映着五四落潮时期知识青年的普遍情绪。从现在开始，对时间的流逝，我们所表现的不应该只是惆怅。

卢　煊　　松柏中学　初二（7）班
指导老师　童庆根

行走在消逝中

——读朱自清《匆匆》有感

每当站在镜前看着愈发成熟的自己，便不经意地都会发出和朱自清先生一样的感慨：时间匆匆流逝，它到底归于何处？为什么就一去不复返了？

记得史铁生在《活着的事》中写道："世界上唯一你可以拥有的东西就是过程，而时间是永远流逝的。"是啊，我不禁微微苦笑。

放下手中朱自清的散文集，书页停在《匆匆》那一篇上，抬头看着玫红的落日。也许我们曾感叹于夕阳的壮丽，但是却永远抓不住它的倩影；也许我们曾流连于昙花的娇姿，却抓不住它的生命；也许我们曾迷失于月光的朦胧之美，却永远抓不住它的光芒。生命是魅力的，生命是令人感叹的，但生命也最终将会失去，徒留下一场悲欢离合，一声感叹，一阵惋惜，或许如朱自清先生那样"头涔涔而泪潸潸"了。这也似乎预示着我们终将行走在消逝之中。

清晨明丽的阳光暖暖地照着大地，这便是一天的开始。当夜色之美笼罩了大地之时，一天，便在无声无息中过去了。随手抓了一把沙，看着细细的沙子在手间无声地滑落，这就是人的手所不能抓住的——时间。

透过玻璃窗，我仿佛看到朱自清先生他略显疲倦的背影，鬓边有几缕些许的白发，桌边的绿茶渐渐冷却，钢笔上的墨汁也慢慢干去。他感伤地看着窗外西沉的太阳，眼里充满了惋惜。最终轻叹一口气，又是一天，过去了。生命，不过是我们赤裸裸地来到这个世界，又赤裸裸地归之于土壤罢了。

生命是消逝的，时间是匆匆的，我们也在生命的消逝中行走。"人生唯一不能掌控的便是时间，而最值得我们珍惜的却唯有时间"。依稀记得孩提时在人群中拽着父亲的衣角；也记得因为一时的耍性子而放弃自己最喜欢的糖醋排骨，当然在赌气之后还闹着要吃；也记得妈妈曾经为了哄我吃药而准备的红得分外妖娆的冰糖葫芦。可是这一切随着我们的长大，随着时间匆匆而且一去不复返的流逝，所有的那些美好却只能当做回忆。要学会大度，学会承担，学会分享，不能再像小孩子那样闹着小脾气，只是因为几千个日夜无声地溜走，只是因为我们已经长大了。

　　但是，消逝的并不等同于消失的。虽然我们知道，就如《匆匆》所写的那样"我们就像针尖上一滴水滴在大海里，我的日子滴在时间的流里，没有声音，也没有影子"。即使这样，我们也不可能永远感叹着流年不利，时间匆匆，绝对不能仅沉溺于孩提时美好的回忆。为了这短暂的生命，我们要拼尽了自己的一切，让自己的每一分每一秒都有意义。也许我们的确无法抓住时间，但我们却可以在匆匆流逝的时间中，仔仔细细抓住每一个我们能够抓住的瞬间。

　　于是，朱自清不再矗立在窗前无限感叹，而是拿起了桌上未干的钢笔，为我们后世创作出如此多而精彩的文学作品。是的，他同样在生命的消逝中行走，但却给我们留下了永恒的佳作，他永远活在我们的心里。

　　没有人能够一直年少，没有人能够永远单纯。只有不断地向前，向前，向前，我们才能猜测，所谓永远的样子，我们才能拥抱永恒的影子。

　　我们生于行走，我们活于行走，我们一直行走在时间的匆匆流逝中，行走在消逝中，却又消失在行走中，却永远不会停息。

朱茹寒

诗坂中学　初三（4）班
指导老师　李伟捷

月下的荷塘

"问君能有几多愁？恰似一江春水向东流"。看着朱自清的《荷塘月色》，我不禁发出感叹。朱自清是诗人、散文家、学者、又是民主战士、爱国知识分子。他的作品，无不融合他的爱国主义。

朱自清在先诉说了自己的不宁心境后，又描写了一个宁静的与现实不同的环境——荷塘月色，通过对传统的"出污泥而不染"的荷花和清冷的明月的描绘，象征性地抒发了自己的洁身自好和向往美好新生活的心情。他为排遣心中的郁闷，夜深人静时独享月色下的荷塘美景。一个人，静静地看，悄悄地行，什么都可以想，也可以什么都不想。他觉得自己是个完全自由的人，这一切都是自己的，白天里要做的事，要说的话，现在都可以不理，并深情地发出了内心的声音："这是独处的妙处，我且受用这无边的荷香月色好了。"走着走着，我仿佛看见了荷塘，"那田田的叶子，零星地点缀些白花……"风中的花香，肯定令人心旷神怡，夹着薄云的淡淡的月光泻在叶子和花上，浮在荷塘之上，简直就是月光与荷花美丽的画，朱自清先生把月光下的荷塘描写得淋漓尽致、栩栩如生，仿佛与世隔绝一般。

《荷塘月色》不仅仅是朱自清先生的一种潜意识的愿望表现，也是现代人的愿望。为了宣泄一种被压抑了的愿望，作者把这种恬淡月色中梦境的游离作为一种现实压抑中的突暴式愿望。为了获得心里暂时的宁静，他独自沿着荷塘小径背着手踱着，忽然觉得"像超出了平常的自己，到了另一世界里"。这"世界"就是在"茫茫的月色下，什么都可以想，什么都可以不想，便觉是个自由人的境界。

这种无牵无挂独自受用无边荷香月色的自由境地，就是他要摆脱由现实扰乱心里的宁静，而追求刹那安宁的心境。

朱自清先生不仅文章好，让我更为叹服的是他的爱国精神。

1948年6月18日，他身患重病，仍签名《抗议美国扶日政策并拒绝领取美援面粉宣言》，并嘱告家人不买配售面粉，始终保持着一个正直的爱国知识分子的高尚气节和可贵情操。8月12日11时40分，病逝于北平，享年51岁。毛泽东曾称赞他："一身重病，宁可饿死，不领美国的'救济粮'的'骨气'，表现了我们民族的英雄气概。"正如郑燮的《竹石》："咬定青山不放松，立根原在破岩中。千磨万击还坚定，任尔东西南北风。"

试问，这种气概能有多少人会拥有？且退一步讲，又有谁能像朱自清先生这样做到爱国的高尚气节和可贵情操？在现在的社会中，爱国的人不少，但能做到朱自清先生这样的人实属无几。

对！朱自清的精神我找到了，也读懂了。作文要做到出口成章、行云流水，首先要做好人。不管是作文还是做人，都要有骨气、人格与国格！

刘盛欣　　厦门一中集美分校　高二（5）班
指导老师　黄炜

暗夜里的光明

——我读鲁迅有感

清瘦的身影，穿着长衫；黄里带白的面孔，让人感觉不到丝毫的憔悴感；一根根直竖着的头发，加上隶书"一"字的胡须，有的尽是精气神。他冷傲、孤峻、敢怒、敢言，给人一种酣畅淋漓的感觉。他以笔为武器，带着一身的正气，为中国劳苦大众的重获新生奋斗到了终点。他，便是鲁迅。

我觉得，鲁迅的气度、胆识和才气是厚重的人文环境熏陶和坚定的自我磨炼锻就的。鲁迅出生在富有文化底蕴的绍兴城，那里曾是敢于追难孔、孟，非议墨、道，极具胆识的王充的故乡；是爱国诗人陆游不断发出忧国忧民的抗战呼声的地方；那里有着高扬的民族气节，决不妥协的文人王思任、画家陈洪绶。鲁迅深受传统文化的熏陶。加上家庭的变故，让鲁迅过早地成熟，看透了人情世态。鲁迅说："有谁从小康之家而坠入困顿的么，我以为在这途路中，大概可以看见世人的真面目。"鲁迅家道的衰落，恰好又与中国封建社会的解体联系在一起，因而，鲁迅自身的感受也正好与时代的脉搏相适应。

我心目中的鲁迅，是永远与时代同呼吸共命运的。生在被压迫的时代，处在被压迫的地位，鲁迅用他的笔与当时黑暗的现实做起了斗争。他用自己真实的写作情感、鲜活的历史事件、深切的个人体验，为后人开拓了一个崭新的文学空间。《祝福》是一篇沉痛的控诉书，有谁读过这篇小说之后能不产生无限的愤慨呢？《肥皂》揭露了那些反对新文化运动的道学家们的虚伪、丑恶的嘴脸；《高老夫子》刻画了一个投机的老流氓的悲劣心里；《幸福的家庭》对脱离现实的知识分子做了深刻的讽刺：《孔乙己》和《白光》塑造了两个封建时代的知识分子形象，他们想通过科举考试爬上去，但科举制度所依附的封建体制本身，已经崩溃，这代知识分子的历史命运只有没落、潦倒……几乎每一篇都流露着反抗和攻击，揭露和批判，都在否定中表达自己的个性主张和人生价值取向。

我通过阅读鲁迅作品，深深地体会到，鲁迅先生对青年的深情期待和万般呵护，依着这般深情和信念，他闯出了暗夜里的光明。鲁迅锐意改革，而且寄希望于青年。鲁迅希望青年们起来战斗，但青年们却安于没有星星，没有月亮，没有笑的渺茫和蔼的翔舞的暗夜，于是他感到寂寞。尽管鲁迅的心情还在希望与绝望的斗争中，但他仍然坚持与黑暗的战斗："我只得由我来肉搏这空虚中的暗夜了，纵使寻不到身外的青春，也总得自己来一掷我身中的迟暮。"就是秉着这样的信念，鲁迅走在文化新军的前面，披荆斩棘，排除万难，闯出了一条崭新的道路。他在迫害危难中寻找光明的道路，为了广大受苦受难的人民，他不惜个人利益。为了国家，他可谓是呕心沥血。

鲁迅带给我们的不仅仅是梦想和感悟，更是信念和追求。他以坚忍不拔的毅力筑成了一座不朽的历史丰碑。我读鲁迅，不仅读他的作品，更读他自己，读他的思想、性格，读他的高洁，读他的坚韧，读他那"一"字形的胡须，他瘦削的面颊，他一簇直竖起来的头发……

李 娜　厦门一中集美分校　高一（5）班
指导教师　林雅芬

我心有你

你是歌德，但你是社会主义时代新中国的歌德。

——周扬

　　年幼无知的我恋上《女神》时，尽管连字都识不全，尽管句句都令我难以理解，但我依旧是喜欢它。喜欢那整个宇宙、整个世界、整个人类社会融为一体的模样。爱屋及乌地喜欢郭沫若这个人。

　　随着岁月的沉淀，时光的斗移，在走向成熟的同时对郭老的态度也随着改变。我为被他抛弃的女子感到痛心，为他吹捧文革的诗篇感到失望，为他盲目拥护毛主席感到遗憾……因为这些，我忘记了他第一时间从日本赶回国内抗战的身影，我忘记了他声讨蒋介石后被通缉的狼狈模样，忘记了他弃医从文、救国救民的坚决态度，忘记了……一切一切他的天才思维，陷入了温儒敏教授所言的"两极阅读"中社会民众化的误读之中。

　　我以为我不会再从这个误区中走出来时，我在网友的QQ个性签名中读到这么一句："太阳照在我右方，把我全身的影儿投在了左边的海里，沙岸上留下了我许多的脚印。"那一刻，熟悉的字眼唤起遥远的记忆，让我不禁再次想起郭老，想起他接二连三被学校处分甚至开除，那顽皮却一身正气的模样。15岁反对专政被开除，17岁参加罢课又被开除，不禁令我错愕——他哪来这么多奇奇怪怪的想法，还天不怕地不怕地到处"惹事"呢？想到这我不禁笑出声来，我记起自己多么喜欢他的文采、他的学问、他的主观与个性。

　　我翻箱倒柜地找出那本已经略微发黄的《女神》，我似乎看到郭老要太阳把他的生命"照成道鲜红的血流"；他"站在地球边上放号"，看到"无限的太平洋提起全身的力量要把地球推倒"，即使是在"脓血污秽着的屠场""悲哀充塞着的囚牢"，他也依旧感受到大自然"到处是生命的光波，到处都是新鲜的情调，到处都是诗，到处都是笑"。爱憎分明的郭老再次在我心里苏醒。

　　即使曾经有人说他是"近百年中国文化的罪恶的产儿"，即使曾经有人谩骂他无才、无德、无能，即使曾经有人说他见风使舵，是墙头草，即使这些中有那么几个是真的，但人无完人，因对郭老性格和心理的不了解而造成误读时，对这天才型人物的苛求而产生轻视的社会民众是不公正的，郭老的成就无法否认。康生曾说郭老的诗"都多读书人用脚趾头夹着笔都能写出来"，但是，这些用脚趾头写诗的读书人为什么却没有将这些东西写出来呢？是他们无能，是他们无知，还是他们无胆呢？既然失去了这个勇气，就不要对勇者妄加评论，模糊无辜大众的视线。

　　郭老走过的这一生，或许错过了风华正茂时与他度过的爱人，错过了新世纪更加繁荣的一切。但我相信，他的骨灰在山西洒下的那一刻，他看到了太阳，看到了他的女神。

卢伟宏　集美中学　高三（13）班
指导老师　陈俊英

曾是惊鸿照影来

搜寻旧日的香风鬓影，那是张爱玲生活的时代。那必定有一个二十三四的年纪，穿着半新不旧的旗袍的女子，站在上海弄堂里的阳台前，以俯视的态度睥睨世人，却是冷眼热望，幽暗中有几许明亮的色彩。"小小的忧愁与困难可以养成严肃的人生观"。或许正是由于她生性悲悯和家庭背景，令她的孤独塑造了她清高桀骜的灵魂，用幻想纺织一身华丽的袍子，远远地站在地平面之上，对她所爱的人世投下苍凉的一瞥。

"红胭脂映着白月牙，岁月起风沙，油纸伞外雨还在下……"三十年代的上海，在爱玲笔下的"铜钱大的一个红黄湿晕，像朵云轩信笺上落了一滴泪珠"的月亮下，《倾城之恋》中的白公馆仍旧在胡琴的苍凉和悠长的绵音中流淌着时光，碧蓝潇潇的夜，远处略有淡灯摇曳。范柳原和白流苏是相对的，老天让他们离了婚。他风流成性，她心计繁重，而香港的沦陷却成全了他们一段"倾城之恋"。

1941年底的香港沦陷了，风也喑哑，整个城市瞬间倾塌。爱玲三年半的努力付之东流。于是爱玲哀而不伤的缓缓道来："请您寻出家传的霉绿斑斓的铜香炉，点上一炉沉香屑，听我说一支战前的故事，您这一炉沉香屑点完了，我的故事也该完了。"她站在一个沦陷城市的废墟之上，讲述一段不完满的传奇，也正如她的爱情一样，不完满。她与胡兰成的"相看两不厌"只有短短的两年时间，胡兰成是个风流的人，而爱玲偏偏对他一往情深，甚至到写诀别信的时候，还寄去30万稿费。"我只是将萎谢了"，爱玲这般说，又怎可知她曾是那个说出"从尘埃里开出花来"的女子啊，不免带些凄凉。

"长是磨难，短是人生"。她感叹道。

爱玲的小说并不强调生活与人生的飞扬，而偏重于写生活的苍凉，人生的浮沉，正如她所说的"人生是残酷的，看到我们缩小又缩小，怯怯的愿望，我总觉得有无限的惨伤"。"如果我最常用的字是苍凉，那是因为我的思想背景里有惘惘地威胁"。她的笔下没有轰轰烈烈的大英雄，多是描写平淡的生活，却涌动着那个时代的华丽与颓唐。

张爱玲给自己的小说起名《传奇》，而她却更是一个绝无仅有的传奇，我们只能陌上观花而不可东施效颦。在那样的时代之下，没有人敢像她一样大声喊出"出名要趁早啊，来得太晚，快乐也不那么痛快"的话来。然而在大红大紫的绚烂之后又能即刻归于平淡，在美国深入简出，过着与世隔绝的日子。就像是烟花开过之后，留在人们心里冰冷的惊艳一样，以至于有人说："只有张爱玲才可以同时承受灿烂夺目的喧闹与极度的孤寂。"

余秋雨说："她（爱玲）死的寂寞，就像她活得寂寞。但文学并不拒绝寂寞。是她告诉历史，二十世纪的中国文学还是存在着不带多少焦气的一角，正是在这一角中，一个敏感的灵魂，一种更精致的态度，风韵永存。"

爱玲死的时候是躺在家中的地毯上的，被发现时已死去六七天。她的死是安静的，像一棵树的死去，不动声色而又惊心动魄。

"文坛寂寞得恐怖，只出一位这样的女子"。——李碧玉《绿腰》

陈宝珍　集美中学　高一（6）班
指导老师　单桂清

舍精求"俗"

　　四年级的时候与老舍"相遇"了，那只古怪的《猫》带领着我走进了老舍的世界。

　　时隔多年，我也已长大，可我却对《猫》这篇文章情有独钟。尤记得那时初看《猫》这篇文章饶有兴趣，总觉得老舍写的不是一只猫，而是一个活泼的小孩童，那孩童恰与我好相似。有时候会想，老舍是否曾遨游过猫的王国。我能想象，老舍一闭上眼，满脑子尽是那猫儿的一举一动。他把那小猫儿描写得淋漓尽致、栩栩如生。在看《猫》时，我仿佛边与小猫玩耍边与老舍对话。你是否像我一样，能听见一位和蔼可亲的老者在讲述一只猫的故事？他告诉我，猫儿懒懒的，喜欢在阳光下倒头大睡；高兴时温柔似水，缠绕在你身旁，娇滴滴的，似出生的婴儿，给予你一种春天般温暖的感受；猫儿好不执著，不等老鼠出洞决不罢休……

　　直到如今，闲来无事，我偶尔会拿起四年级的语文书，打开《猫》的那一页。泛黄的书页，四周已有皱巴巴的折角，上面布满着我积累而起的手印……因为那篇课文，年幼时，我养过一只猫，那只猫和老舍描述的十分相似。倘若时间愿意倒流，我真想亲眼目睹老舍心中的那只猫。

　　轻轻的，轻轻的，像猫的脚步一般轻盈，就这样老舍连同他的文章悄悄地走进了我的心里，老舍好似我的故人。对于老舍，我想用四个字来形容他——舍精求"俗"。我之所以这么说，原因有三个。其一，老舍的文章总是能够让我百读不厌，原因不在于文章辞藻优美，结构严谨，也不在于思维巧妙。相反而论，老舍的文章通俗易懂，清新质朴，引用现在的话说，便是两字——亲民！其二，老舍给我一种感受，他在写作时，常常能考虑到读者，在他的文章中常有"你"这个字眼，使你能够进入到他的文章之中与他进行交谈。其三，老舍的每篇文章并不苍白无力，并不是仅仅由一个个单调的文字构成的书页。每一篇文章里都为人物注入了一个灵魂，那灵魂看不见，摸不着，却能在你的思想里跳跃。

　　随着年龄的增长，阅读量也开始增大，我也开始对一些书籍有了自己的见解，而不再仅跟着作者的思想行走了。对于一些文章，我开始认真品尝了。一位车夫名叫祥子，他居住于老舍的书中。《骆驼祥子》这凄凉却又有点幸福的故事触动了我。老舍貌似在用他的文章想我阐述着一个道理——我若不成材，必将被逐出这"优胜劣汰"的学习生活。老舍用他的文笔在教育着我们新一代的少年。久而久之，我阅读的作品之中总会有老舍的影子，大概是爱屋及乌吧。我想，老舍的作品会在我心中永垂不朽！老舍是我对书籍热爱的一个启蒙老师，虽不曾见面，他却存在我脑海里，即使只是一个背影。

　　经典，不是所有过往优秀的作品都能称之为经典。在我的思想里，只有令人过目不忘，并且愿意将其中的文字一点一滴地咀嚼，那才是经典。如果说书籍是粮食，那么老舍的文章便是那刚出炉、带着温暖的香甜的面包，可口而又饱实。那么顾名思义，老舍的文章必是经典。

　　好像一阵风吹过，空中飘着零零落落的树叶。老舍的每篇文章就像树叶一般，终究会落到土地上，化作肥料，孕育着大地，沾溉着后人。

邱 玲　　厦门六中　高二（9）班
指导教师　郑大伟

盛夏，寻幽忆往昔

两个人的荒岛，一个人观望，一个人远眺。

往昔心力交瘁，看那惨淡的光线在手指的夹缝里，缓缓地消失，没有留下一丝痕迹，我的心沉寂了。

寻幽，慢慢接触到了朱自清大师的《荷塘月色》《匆匆》《背影》，读完之后为之倾心。虽然那时的我，或许没办法把大师所想在文章中所表达的意境完全领会，但是从字字珠玑的字眼中看出了他的文风具有真、善、美的风格。他的语言秀美而富有韵味，朦朦胧胧，如痴如醉。

真：一字一句，逐步推敲。他不能容忍自己的散文中出现丝毫不真实的地方。《荷塘月色》里有一句话："这时候最热闹的，要数树上的蝉声和水里的蛙声。"后来有人告诉他蝉夜间是不叫的。朱自清觉得自己那晚确是听到了蝉声，但为稳妥起见，他还是咨询了昆虫学家。结果是蝉晚上是不叫的。朱自清因此对此产生疑虑，准备在文章再版时，删掉这个句子。可是，他在两次亲耳听到月夜的蝉声，他才确信自己没有写错，是人对夜蝉叫没有准确认识。他还为此写了文章来说明观察事物之不易。

善：一点一滴，真情流露。他用平易的语言，在朴素的叙述中寄寓真挚深沉淳朴的情感。首先以《生命的价格：七毛钱》《白种人：上帝的骄子》和《执政府大屠杀记》为代表的散文，主要以夹叙夹议的手法，从现实生活中取材写社会抨击黑暗现实。其次以个人和家庭生活，表现亲人间、朋友间的人伦之情为主要内容的一组，代表作品有《背影》《儿女》，这组作品具有浓厚的人情味。尤其是《背影》，洗去了他往日的铅华，透过父亲的一举一动，我似乎看到了他惨淡的家境及父亲对儿子深挚的爱。

美：一朝一夕，完美呈现。他用独到的眼光来美化这个乱世之秋，用唯美的文字来构造心灵的世外桃源。他感慨时间若白驹过隙，哀叹时光的《匆匆》；看到《春》的万物，他表现出新鲜的格调和欢乐的情绪；走遍世界的风景名山，《月朦胧，鸟朦胧，帘卷海棠红》的画轴，让他流淌出至美的情愫，绘制出清丽的文字，精致的篇什；《给亡妇》让他发出了悲天悯人的忏悔，让我想起了同样令人铭记千秋万世的林觉民《与妻书》。在淡淡的笔墨中，流露出一股深情，没有半点矫揉造作，却有动人心弦的力量。

盛夏，朱自清大师淡雅淳朴的作品，让我获得了难得清静、片刻超脱，最后与往昔握手交好，坦诚相待。有人说，叹回忆太委婉，叹时光已渐远。我却想说，或许只有擦肩而过才懂得人生之贵。

树叶被覆着世界，那随风的枯谢。我转过身是浮现，你也在陪着我那边。

林立颖　外国语学校　高二（14）班
指导教师　王雪梅

边城一览

读《边城》的时候，看时虽是平平看过，却有时会有莫名的触动。像是平平的感情积在心里，虽然不易察觉，却会在某个时刻蓦然轻轻迸发。

如水的文字缓缓淌过，说不出有什么刻骨铭心，文章的脉络也像叶片的纹理一样淡淡的，可是就是在读完的时候，带着淡淡的遗憾：噢，看完了。闭眼回想的时候，像是在茶峒小城泛泛地游过一圈，满口余香。

也许看时的平平就是心灵的宁静吧。茶峒是被时间遗忘的地方，那里的日子过得温柔且慢，让人心生向往；那里的爱情单纯美好，让人梦寐以求。那里给人们的期待，大约不亚于海子的经典名句——面朝大海，春暖花开。

在书店看到《善良·丰富·高贵》，只有一本。几天后，听说同学没买到，讲起的时候我说，应该卖掉了吧。他斜了我一眼说："你觉得散文集还会有人买吗。"

其实我是相信在惠安这样的小地方不会有太多人看这种散文集的，但是放诸全国，我也很相信有很多人在看经典文学的。"文青"在现在虽然都已经有点骂人的意味了，但是仍然挡不住在现实中身心俱疲的很多人回归到文学的自然中来。而沈从文的小说散文无疑是其中最真实、最自然的，也是最引人入胜的。

我也很喜欢那样的所在，超脱尘外，但读《边城》的时候我就反复自问，让我在那里过一辈子，我愿意吗？我知道除非我出生在那个地方，要不然我是不会去的。就像有很多大学毕业生曾经一腔热血地要扎根西部支教，最后还不是耐不住回归灯红酒绿。很多人天天念叨最大的心愿就是住在依山傍水的地方，可是依然在办公室文件堆里忙得像穿堂疯子。心如止水，谈何容易。

这不奇怪，也无可指责。我不希望让一生在边城慢慢流过，但并不影响我对它的喜爱。那不过是出于人性本身对于美的向往。我并不认为这样就要被认定为"伪"，相反我觉得，如果有越来越多的人愿意看进去，不论出于什么目的，扩充知识面也好，聊以自慰也好，只要在这之中感受到了茶峒的美好，又有何不可呢？在浮躁而功利的时代，哪怕多一个人心存美的意识，也是好的吧。

也许这就是沈从文的魅力吧。就是那样轻轻巧巧的带你在边城小镇一览，带你看过几件再琐碎不过的家长里短，便在你心中播下了美的种子。你可能仍不自知，但是在某个心烦意乱的时刻，也许那月光下后山少年的歌声就会在心上轻轻滑过，了无痕迹，却可以带走几丝烦闷。

也许我把沈从文作品的意义大大地降得肤浅了，但既然我们都没有办法身临其境，这又何尝不是一种积极的意义呢？而沈从文不也是追求一种"优美、健康、自然，而又不悖乎人性的人生形式"吗？他本不强求我们超凡脱俗的。我们在他作品里汲取了宁静的力量，沈老若泉下有知，想来也会含笑的吧。

黄晓歌　外国语学校　高二（10）班
指导教师　吴象斌

笑对生活

——梁实秋

　　第一次知道梁实秋先生，是无意间在书店撞见其晚年的作品——《雅舍谈吃》，不是很厚的一本，随手翻翻，竟就入了迷。

　　讲到烧羊肉，他幽默地打趣："南方人吃的红烧羊肉，是山羊肉，有膻气，肉瘦，连皮吃，北方人觉得是怪事，因为北方的羊皮留着做皮袄，舍不得吃。"

　　讲到天津的包子，他又用起了夸张手法："有人到铺子里吃包子，才出笼的，包子里的汤汁曾有烫了脊背的故事，因为包子咬破，汤汁外溢，流到手掌上，一举手乃顺着胳膊流到脊背。"

　　平常人只是为填饱肚子匆匆带过的一日三餐，他却写的如朝圣般讲究，一盘鱼，一碗豆汁，甚至一碟酱菜都说得头头是道。轻松幽默的语言，让人捧腹之余，不禁赞叹于其敏捷的才思。醉心于先生对生活细致入微的观察和传神的刻画，不经意间抬头，发觉自己已是垂涎三尺。究竟是何方神圣，如此地热爱食物、热爱生活，以至于能让这种热爱渗入冰冷的白底黑字感染读者？

　　再后来，便开始关注起先生的其他作品，渐渐地也了解他的生活，便又一次次为其笑对生活的态度所折服。

　　面对周围女性友人对生活细节繁琐的要求，他能在字里行间透出嘲笑的同时还赞叹其能力："女人不仅在决断上善变，即便是一个小小的别针位置也常变，午前在领扣上，午后就许移到了头发上。三张沙发，能摆出若干阵势；几根头发，能梳出无数花头。讲到服装，其变化之多，常达到荒谬的程度。外国女人的帽子，可以是一根鸡毛，可以是半只铁锅，或是一个畚箕。中国女人的袍子，变化也就够多，领子高的时候可以使她像一只长颈鹿，袖子短的时候恨不得使两腋生风，至于纽扣盘花，滚边镶绣，则更加是变幻莫测。"让我顿时对日日在镜子前徘徊的自己感到惭愧。可静下心来想想，原来在生活中找点笑料，为自己增一分快乐竟是如此容易的事。

在四川北碚的新居十分简陋，他却只是笑笑："这'雅舍'，我初来时仅求其能蔽风雨，并不敢存奢望，现在住了两个多月，我的好感油然而生。虽然我已渐渐感觉它并不能蔽风雨，因为有窗而无玻璃，风来则洞若凉亭，有瓦而空隙不少，雨来则渗如滴漏。纵然不能蔽风雨，雅舍还是自有它的个性。有个性就可爱。"让我不仅对如今生活环境的美好而自足，又想起平日里对琐碎小事不如意便抱怨连连，便是无比汗颜。换了杜甫，便该作一《茅屋为秋风所破歌》罢，可在梁先生看来，破屋竟也是可怡然自得的地方。弹指一笑间，一篇现代版《陋室铭》已跃然纸上。

谈到对养花的热爱，他无奈地自嘲："'老子爱花成癖'，这话我不敢说。爱花则有之，成癖则谈何容易。需要有一块良好的场地，有一间宽敞的温室，有各种应用的器材。更重要的是有健壮的体格和充分的闲暇。我何足以语此。好不容易我有了余力，有了闲暇，但是曾几何时，人垂垂老矣！两臂乏力，腰不能弯，腿不能蹲。如何能够剪草、搬盆、施肥、换土？"原来有有力的四肢，灵活的关节竟是如此的幸运……就算已失去，能在"垂垂老矣"之时对失去的只是怀念而微笑着面对，不也是一种幸福？

先生讲究生活的趣味，总能从最平凡的生活小事发现亮点，然后笔锋一转，洋洋洒洒，谈笑风生。他的字里行间无不是信手拈来的生活点滴，退休年龄、代沟、敬老、怒、穷、快乐、沉默、请客、病、洗澡、理发，他用愉悦的生活态度书写平凡中为人所忽视的精彩，无论好坏，不声张，不计较，只是试着去理解去接受，把它们统统当成生活的调味剂微笑着面对。

渐渐地，受其影响，我开始更乐观地面对生活：课间一份平常的点心，细细地品尝，却也觉出"闲敲棋子落灯花"的悠闲；瞥见路边小吃摊上民工的大快朵颐，想起先生的"他们都是自食其力的人，心里坦荡荡的，饥来吃饭，取其充腹，管什么吃相！"便不再因觉得不雅而皱眉，反为见到自食其力者感到舒坦；与他人起了争执，也不再像往常那样将对方辩得找不着台阶，而试着将心比心地理解别人，更客观地分析问题，还是因为先生那句："宅心要忠厚，作者虽然尽可愤世嫉俗，但是在心坎里还是一股爱，而不是恨，目的不是在逞一时之快，不在'灭此朝食'似的要打倒别人。"却也收获了与他人分享见解的快乐……

笑对生活，便能让生活充满快乐，这便是梁实秋先生教予我们的。

黄铮　厦门一中　高三（15）班
　　　　指导教师　戴慧

守卫救世情结

——读鲁迅《战士和苍蝇》有感

"只要我的良心和我微弱的心声还在让我继续向前，我就要把通向真理的真正道路指给人们，绝不顾虑后果。"苏格拉底如是说。在如今的安逸时代，物质生产疾速发展，思维的脚步却踽踽而行。

而活在当下的我们，应该庆幸，历史恩赐给我们那么一些人，当负荷粗鄙庸碌的我们翻开承载着他们思想重量的经典书籍时，总能让残存的心灵被释放，去远行。

鲁迅在他的《战士和苍蝇》一文中痛斥那些讥笑殉国先烈的、缺乏时代警醒性的愚民奴才，并用语言凝练的力量，为爱国的战士们及其精神卫道，试图治愈蒙蔽的民智，唤醒缄默的公知。

每个时代都不缺的人，就是拥有救世情结的人。而拥有救世情结的人中最缺的人，就是不嚷口号付诸实践的人。鲁迅在他的时代，其救世情结觉醒的比同龄的青年早。或许是现实给予的冲击太大，抑或是拥有国家精神的洁癖，鲁迅在污浊世道中离析出以救赎民众的精神为先的救世情结，用锐利深刻的悯世笔锋，开出一条通向良知与真理的血路。如朝雾攀援着山崖，他试图奉献一切来泽被国人顽固不化的内心。

正如罗曼·罗兰所说："公正是美好的，但真正的公道不是端坐在天平面前，静观两个秤盘上下晃动。"鲁迅的救世情结基于良知，高于良知。它不是"文革"时期"解放全人类"的空洞口号，而是一种强烈的社会责任感和历史使命感，是海明威所说如蓬勃跳动的血管般，活在迷惘与压力下的优美。

　　"无尽的远方，无数的人们都和我有关。"鲁迅留给我们这样一句话，他的救世情结至今仍散发微光。"生活也安逸，温饱难正思"。在物欲享受日趋完善的现世，人们苦苦等待着精神英雄与公正的来临。有些人甚至开始质疑吃力而不讨好的救世情结，关注于精神之外的无用琐事，以小失大。的确，光凭口号救世是配受世人嘲笑的。但那些在救世道路上探寻真知的人，尽管事业还没有完成，其精神也该受到崇敬。

　　"战士战死了的时候，苍蝇们所首先发见的是他的缺点和伤痕，嘬着，营营地叫着，以为得意，以为比死了的战士更英雄。但是战士已经战死了，不再来挥去他们。于是乎苍蝇们即更其营营地叫，自以为倒是不朽的声音，因为它们的完全，远在战士之上。的确的，谁也没有发见过苍蝇们的缺点和创伤。然而，有缺点的战士终竟是战士，完美的苍蝇也终竟不过是苍蝇"。

　　石可破也，而不可夺其坚；丹可磨也，而不可夺其赤。鲁迅虽死，精神永存。是他让我们忠于现实、基于理想，告诉我们那个富有公知与道德的国度不会是永远的乌托邦。

　　救世不是毫无生机的口号，而应是坦然伸展的公义臂膀，用来抱断敌人肋骨，用来欢迎雷霆与阳光。鲁迅站在清醒与责任的基点上给予醍醐之灌顶，使人们沉睡于脊椎深处的爱国力量觉醒、喷涌、奔放。

叶婷婷　厦门一中　高三（15）班
指导教师　钟斌

新青年的灵魂

照片上的胡适先生，那副朴素的眼镜下总闪出理智的光辉，那突兀不定的嘴唇也露出机智者会心的微笑，他身上透露的是一种温和的儒雅之风。布风说过"文如其人"，而胡适的散文正如其人，也是清顺明畅，像一泓秋水一般。品读他的散文、书信，就如同听一位智慧的长者将生活的智慧娓娓道来。

胡适一以贯之地坚持着自己关于自由与宽容的理想。不同于鲁迅的"一个都不宽恕"，他总以博大的胸襟容忍异己。在《胡适遗稿及秘藏书籍》中，他曾言："容忍是一切自由的根本。凡不承认异己者的自由的人，就不配争自由，就不配谈自由。"先生的这番话写于上世纪20年代，那时候五四的春风吹遍了中华大地，各种真理如同雨后春笋般出现在中国社会，然而对于真理评判的标准却似乎掌握在陈独秀等领袖的手中。一种真理的出现却成为了压制其他思想的负面力量，青年们都听不进和自己不同的思想主张，"不容忍的空气充满了国中"。他的话虽然没有成为当时的主流，但却道出了新青年的灵魂——保持宽容和自由。

我不由得想起之前闹得沸沸扬扬的"方舟子韩寒之争"。且不谈双方到底谁对谁错，为何这场原本可以开启中国民主的公共舆论空间的争论最后却没有实现它的意义？究其原因，就是因为方、韩两方的支持者都不能坚守对纯粹真理的捍卫，而把个人的情感带到了真理的辩驳中，导致双方都无法做到宽容、无法听进异己的意见，也就没有在本质上实现公共舆论的自由。人若没有宽容，便无法真正倾听他人的观点、思想，就会陷入用另一种形式的"闭门造车"，使我们的判断出现偏颇。

生活在信息时代，我们可以听到不同的声音，这本是一种莫大的幸福。然而由于没有容忍异己之心，我们常常会在看到不同的观点时对之抱以不屑的态度，以自己的立场来度量别人的思想，甚至毫不留情地对其进行单向的批判，似乎不把他人拉到自己的思想阵营就誓不罢休。我们没有利用网络来倾听更多不同的声音，却用它来入侵他人思想的领地。我们丢失了新青年的灵魂，无形中在社会上造成另一种话语压力，最终使我们自己深受其害。正如胡适先生所说的"爱自由与争自由的人反没有容身之地了"。若社会充满了无形的话语压力，又如何能有多元化的思想喷薄欲出？没有了不同思想的百家争鸣，社会又如何能有理性的力量推动它前进？民主也能止步于前罢。

胡适先生坚持："即使是一个常识，每个人都应该有机会自己判断。我的信仰是别人有尝试的自由。"在这个"每个人都在说，却很少有人在听的"时代，品读胡适先生耐人寻味的散文，定能使我们的心在一片喧哗之中沉静下来，进而学会容忍、学会倾听、学会尊重他人的自由。当我们尊重别人的自由时，也便成全了自己和社会的自由。大师的智慧，深藏在书页里，却飘香在不同的时代。在胡适的文章里，我找回了新青年的灵魂。

王倩　厦门一中　高三（17）班
指导教师　钟斌

走近大师，感受真实

　　依稀记得，那一年，被称为中国最后一位大师的季羡林驾鹤西去。季老的离世——顿时，文坛，空落；我们，彷徨。我们终于开始关注到内心的缺口，重新追忆起那一位位大师曾经带给我们的感动和震撼。于我，尤甚，其中季老无疑是最让我难以忘记的一位。

　　初识，是在课本上看到他的一篇文章，具体的内容已记不很清了，只是当时读后，季老给我的一种既温厚又恬淡的感觉一直绵延至今。

　　也许是一种缘吧。未曾相识，却对他老人家有一份熟悉和信任。那时，在我的印象里，他就像是一本灰色封皮，无需修饰的大书。那种灰是浅淡的，质朴的几乎让人会忽视他的存在。但再放眼纷繁的书堆，他的不争又格外的惹人联想。

　　他的灰，是被忧愁风雨浸染过后，褪了色而倪坚的黑，是被历史烟尘薰扰过后，写了意而超脱的白。是一份大气的流露，智慧的拓印。他有一句让我印象很深刻的话，他说："我写东西，不会有套话，大话，我只能保证，我讲的都是真话。"读其书，如面其人。季老的书，语言平实，文字简洁，没有过多的渲染，也很少有让人看不懂的生僻字。很像是一位亲近的长者向疼爱的晚辈侃谈他的经历和一点儿体会。季老穷其一生都在努力做一个最真实的自己。他，确实做到了。走近他，就是在感受真实。

　　读这样一本书，内心会油然而生一份崇敬。在指尖触碰书页的每一个瞬间，细腻摩擦，都让人感到真实和宁静。窸窣的声响似远方老者的呼唤，安抚着我们或浮或躁的心。季老曾经在他的《读人生》中写道："如果人生真的有意义和价值的话，其意义和价值就在于对人类社会发展的承上启下，承前启后的责任感。"
换言之，季老为我们的盲目、忙碌指明了方向。人生的意义，在于传承。这一点，
我也是颇为赞同。人生短苦，时间太瘦，指缝太宽，每一个人的短短几十载之于
人类历史的长河不过一瞬。但若不是一个一个、一代一代的人，不断承继着人类
的智慧和善良，用最美好的情感来维系彼此，人类不在，人类历史不存。因而我
们每一个人都不可或缺，就好像有的人是针，有的人是线，一针一线，系牢了专
注和漫长，穿梭，徜徉。一针一线都承载着责任，不能马虎，因为只要稍稍放松，
轻轻一拉，也许就湮灭了前人的艰辛和后人的星光。故，我们要为身上历史的使
命认真地过好每一天，缝下我们华美的一撇，承上启下，承前启后，为前人续下
传奇，为后人留以天际。

也许这就是大师的力量，让我们能够更加真实地面对人性，面对内心，带给
我们思考、感悟。除季老之外还有许许多多的大师，不过术业有专攻，但在思想
情致上，他们却是相通的。他们都有血有肉，不遥远，不神秘，他们是更加真实
地活着。他们在用一种柔和的灰去调剂世事的嘈杂。也正是在杂糅的色彩中，才
更显他们强大的包容性，协调性，彰显他们思想上的高贵，情感上的真实。他们
用纯粹渗透到我们个人最真实的地方，让我们得以重拾失落的真心，更加真实而
幸福的生活。

走近大师，感受真实。

愿，有你我的传承，

他们的真实，能永不消逝。

卢梦思　　大同中学　高二（8）班
指导老师　庄子凌

品《茶馆》，论幽默

　　一本书，一段话，读出来让人哈哈大笑的，不见得就是幽默，也许只是因为滑稽；真正的幽默是一种经过艺术加工的语言形式，是艺术化的语言，幽默让你在笑了以后想出许多道理来，可以毫不夸张地说，幽默就是一门哲学。脑海中印象最深的幽默大师就是老舍先生了。

　　老舍先生一生中发表了大量影响后人的文学著作，他的创作从一开始就显现出现实主义的特点，具有鲜明的艺术个性。即便是枯燥乏味的生活琐事，经他写来，读起来也颇有几分趣味，让人回味无穷。我喜欢老舍先生的作品不仅仅是因为作品的幽默，还因为京味十足，仿佛我就身在老北京的街上，品读着老舍的文章。

　　在老舍先生众多脍炙人口的作品中，最得我青睐的就是把老舍的话剧艺术推向了高峰，成为中国戏剧艺术殿堂的一颗璀璨明珠的《茶馆》。《茶馆》讲述了茶馆老板王利发一心想让父亲的茶馆兴旺起来，为此他八方应酬，然而严酷的现实却使他每每被嘲弄，最终被冷酷无情的社会吞没的故事。《茶馆》向人们展示了从清末到抗战胜利后的 50 年间，北京的社会风貌及各阶层人物的不同命运。我觉得《茶馆》一文中最大的看点就是老舍先生那有品位的幽默，他把"想得深"的思想内容，用"说得俏"的语言表达出来，对正直善良的人的幽默是温和的，对坏人采取的是夸张的漫画式幽默来戳穿他。不懂老舍幽默的人，对老舍的作品不感兴趣，因为读不懂，觉得乏味，而懂老舍幽默的人，对老舍先生的作品爱之入骨，像毒品一样戒不掉。《茶馆》中含有冷幽默，黑色幽默，自嘲式幽默……而我最喜欢其中的黑色幽默，如王利发对秦二爷说："当初我给那要饭的娘儿俩一碗面，您还说风凉话儿！"总是让人哭笑不得，却又甚是喜欢。

细细品读，你可以发现，小小的茶馆就像是一个大大的社会，社会上形形色色的人物，不同身份，不同性格，都可以在里面找到模板。让我感触最深的一个人物就是茶馆的老板——王利发。

在我看来，王利发是个有理想有抱负的年轻精明的掌柜，各方照顾，左右逢源。他一直坚守着父亲留下的茶馆，不放弃心中的坚持，尽管社会上的动乱波及茶馆，大兵来抢夺钱财，侦缉队来敲诈，他仍是苦守茶馆；到了风烛残年的他，也十分拼命地支撑着茶馆。可最后在人民陷入内战的苦难中，流氓特务霸占他苦心经营一辈子的茶馆中，他绝望了。且不说他一生是否成功地做到了他一开始接手茶馆立下的志愿——让父亲的茶馆兴旺起来。但我觉得他是成功的，一直默默的坚持，一直无怨的苦守，这难道不是一种成功吗？试问在当时的那种环境下谁又会做到像王利发这样？尽管最后的他失败了，但也不能否决掉他的努力，成功。

这就是老舍先生的文章，他把对黑暗社会的讽刺、批判与强烈的爱国热情和对劳动人民的同情联系起来，在微笑中蕴藏着严肃和悲哀，将悲剧和喜剧有机地融合起来，写下了这部让人回味无穷，印象深刻的作品。

张淇源　同安一中　高二（14）班
指导老师　李莉莉

大意微言

——你是我心中的四月天

在那文学思潮激荡盘旋的年代，你身着旗袍，在那男权主义依旧盛行的年代里，以自己高贵的气质，横溢的才气，在中国现代文学史的扉页上撒下淡淡的木兰香气，成了那个时代里亘古不变的文学符号。那股淡雅之香，竟突破了时间限制，至今仍然洗涤人们的烦躁不安的灵魂。你就是集才气、美丽、智慧、傲岸于一身的林徽因。

或许，你不及鲁迅"我以我血荐轩辕"的豪情万丈；或许，你不如老舍一手酿造"北京味"般的浓厚；或许，你不如巴金敢说真话的刚毅性格。但你的"蕙质兰心"更能予人以震撼。

初识你，是在一个风雨交加之夜。雷电撞击心灵的鸣钟，树阴遮蔽了月华。在书架上无意见到你的书，匆匆一翻，你的诗情画意早已成了我心中亘古不变的记忆。

你在文学世界里，进行着天之涯、海之角的心灵旅游。小笔勾勒，娟秀的字体在宣纸上定格。你是人间四月天，是一树树的花开，是爱、是暖、是希望、是燕子呢喃。因此，你的人生多了几声渔舟唱晚，平添了几分星辉斑斓的放歌。

你是温润如玉的木兰花，盛开在梁家的茶会之上。你的知识是那么渊博，不论谈论什么都有丰富的内容和自己独特的见解。一日谈起苗族的服装艺术，你从苗族的挑花图案，谈到建筑的装饰花纹，又介绍我国古代盛行的卷草花纹的产生、流传，还不忘向在一旁的丈夫打趣道："你看思成正枕着苗女的裤脚嗒。"众人哈哈大笑，你只嫣然而笑。而向大文豪泰戈尔细讲北京之时，你的睿智、气质令其称道，令其深感东方女性的矜持，博学的深厚内涵，一举打破外国人对中国女性愚昧"三从四德"的思维定势。你犹如一颗彗星，划破历史的长空，纵是一瞬，亦有火树银花不夜天的绚烂之感。

"是爱，是暖，是希望"，你与身戴玳瑁，儒雅的志摩泛舟康桥，细数夕阳的杨柳，共畅叙心中之怀，殊不知那个夕阳的柳条或成为日后的哀怨。在星辉斑斓里。你选择了坚守思成，你的个性开放却不放纵自己，你的气质出众却情有独钟，方有金岳霖终身不娶，甘做"知己"，方有徐志摩"为伊消得人憔悴"与幼仪离婚。他们对你的感情早已超脱了世俗礼教，打破了男欢女爱的框架，大音希声，大爱无疆。这些情感中，有友谊，有敬重。而你有庄子般的逍遥精神却不消极于世。在动荡不安的年代，你的大爱超脱了战乱，跨越了时空，参透了建筑，洗涤人们的心灵。

"是爱，是暖，是希望"，又岂是拘泥于男女情感纠葛，更是达者兼济天下的爱国情怀。当日寇铁蹄践踏无辜的生灵，你含着泪水握着儿子梁从诫的手，泪花打湿旗袍，也渗透进人们的心灵："中国人是要给自己留条后路的。我们家门口，不是有条扬子江吗？如果必要的时候，我也顾不上你了。"一个卧病在床的弱女子，居于国难却先想到民族气节，誓效屈原投江，以示其志。我想那奔腾的扬子江至今奔流不息，莫不是被这掷地有声的呼唤所震撼。你的美丽早已定格在历史，甚至超越历史。

"一梁燕子的呢喃"，铭刻了你身患肺痨，却亲身上梁丈量的最美姿态；镌刻了你夜灯下，素描笔刷刷作响，国徽的庄严，人民英雄纪念碑的轩竣壮丽从中流淌而出的一瞬。建筑史上一幅幅插图，似乎在宣告：巾帼不让须眉是你一生的最美写照。

透过窗棂，木棉花正艳丽盛开，坠下，掷地有声，我似乎听见了一个身着清丽旗袍的倩影在低吟浅唱：你是我的人间四月天，经久不息……

郭芃菲 | 同安一中 高二（13）班 指导老师 陈婕

阅读鲁迅，净化灵魂

季羡林老先生曾说，回忆与怀旧能净化人的灵魂。当我穿过近百年的烟尘回望鲁迅的背影，走进鲁迅的作品时，我想作为世界文学史上寥若晨星的鬼才之一的鲁迅确实具有涤净人灵魂的伟大力量。

郁达夫在鲁迅逝世后曾由衷感言，没有英雄人物的民族是无望的民族，而有了这样的人物却不知爱戴崇仰的民族是可怜的奴隶之邦。也许鲁迅所抨击的封建礼教看似已"与这个时代无关"，但作为炎黄子孙，处于微妙的转型期的中国，鲁迅的书又确是"作为一个人而读的书"。

鲁迅始终挖掘着灵魂的深处，使人受到苦刑般的精神的创伤，而在得伤、养伤和愈合中涤净灵魂的尘埃。

在他笔下，有疯狂而又格外清醒的狂人，有象征科举悲哀的孔乙己，有带着滴血的灵魂走向地狱的祥林嫂，有由天真堕落为麻木的闰土，更有充分体现国民性弱点的"精神胜利法"的典型阿Q……

穿梭在先生的鲁镇上，我发现处处充斥着"人吃人"悲哀与恐怖。比如在祥林嫂走向死亡的路上，鲁四老爷的冷漠，四婶的偏见，柳妈这个善女人的"恐吓"全都脱不了干系。无法说每个人都是十恶不赦的，甚至找不到人对祥林嫂的死要负百分之五十以上的责任。然而这也正是可叹之处了，人们积土成山的愚昧与麻木，压垮了一个又一个祥林嫂，与此同时人们却又能安心地"祝福"。怪不得我们需要高唱"全世界无产者联合起来"，因为鲁迅早已用他的笔墨告诉我们"人吃人"的危险，"人帮人"的渺茫。在今天，当"富二代"、"官二代"在各种赛场上自由驰骋的时候，当 18 个路人成为小悦悦死亡的推手的时候，当美国校园枪击案频发的时候，我似乎听见先生铿锵的呐喊："救救我们的人民，等等我们的灵魂吧。"这时候，难道鲁镇的时代不正开始和我们的时代产生些许共鸣了吗？

鲁迅暴露了我们国民性中的丑恶与肮脏，刻画了中华民族不长进的深入骨髓的性质。他的伟大，不仅在于"哀其不幸，怒其不争"的姿态，更在于他不置身事外的勇敢与真实。

他不把阿Q们当做卑贱的第三者来嘲弄，而是充满悲悯地与他们同在。《祝福》里的"我"不仅是祥林嫂悲剧的见证者，从某些程度上说，也是要为祥林嫂的死负责的。"我"在祥林嫂问"阴间"存在与否上的吞吐与冷漠，同样加速了她的死亡。在这里，"我"是鲁迅自己承认的弱点的投影者了。所以，虽然我们曾经历过了一个神化鲁迅的时代，但我想还是让鲁迅落地为人吧！他可以"横眉冷对千夫指"，却不愿被贴上"禁骂"的标牌。而当我们越接近一个并不全唱红脸的鲁迅的时候，也就越接近大师的灵魂。

有人说鲁迅的文学，是"反抗绝望"的文学，我想这个说法还可以更完整些，是"反抗绝望，指向光明"的文学。

细心的读者会发现，鲁迅的书信里常出现"偏要"二字。"明知前面是坟却'偏要'向前走"，'偏要'和这些（黑暗与虚无）挑战"，这都体现了鲁迅在提示国民性弱点的征途上不屈的信心。他正像一匹孤狼，一匹受伤孤狼，在深夜的旷野里嗥叫，试图惊醒在铁屋子里昏睡的中国人。

他的文学是在精神痛苦的炼狱涅槃而生的，是在无人和鸣的孤独中坚韧而长的。而反观今日的文学圈里，多少浮华的泡沫漂浮着，戳破了终化为无物。

所以，在这个大师远去再无大师的时代，我们应去追溯一个看似与此时无关的时候，去与远离此时的灵魂倾心交谈。就像阅读鲁迅那样，将经典与现实勾连，将大师的光华与涵养吸收。唯有如此，我们的灵魂才能真正被净化。

颜　祺　　同安一中　高二（14）班
　　　　　　指导老师　李莉莉

浅行至深处

　　轻捻时光，我未曾想过自己会禁不住去靠近那印在现代文学馆里的金色掌印，那掌印不大，却有着厚厚深深的纹路。我也未曾想过自己会凝视着那份写着他逝世的报纸，久久不语。

　　道不明的情绪，我不清楚自己为何会留意这位老人亲切的笑语，会静静地望着他笔下的风雨春秋。我想，我一直怀着一颗虔诚的心，望着他走过的路，浅行在他热切的字与句里。如若可以，愿至深处，如细雨打湿了琉璃般，轻叩内心的荒芜。

　　总以为是他所写的情节触动了我，总以为是他字里行间的诚挚感动了我，然而我慢慢懂得没有情感的情节失重的，没有情感的文字，再美也是空有其表的。于是我恍然明白是他那颗缓缓前行的心，却热烈地掬起一泓清水，洗澈着那段伤，却也漂荡着我的心。

　　他不断剖析着自己的那颗心，那段斑驳的岁月，他甚至愧疚地怀念着那曾带予他快乐的小狗包弟。是生命，是情感，还是道不明的点点滴滴让他急切地想看清自己，抑或是看清那个时代刻下的伤痕。然而我不禁怅痛，他已经经历了多少坎坷失意，为什么还要让自己陷入苦苦地探索中，却依旧喃喃："要做一个在寒天中送炭，在痛苦中安慰的人。"

　　他说："生命是可爱的，但寒冷，寂寞的生，却不如轰轰烈烈的死。"他是怀着多少无奈才写下这样的誓言，也许他想道明生命不论以怎样的形式，纵使再艰难苦痛，也要留有一腔热忱。他无疑有着信念与追求，他渴望青春如烈焰，才有了笔下人物觉慧的爱与恨。"青春活泼的心，决不作悲哀的滞留。"他诚恳地说着，却也像在告诉我，告诉我们这一代人。忆及多少磨难，但他仍存的真切道尽了他多少期盼。

那一段时光，那一代人，不仅仅带来"一蓑烟雨"滋润着贫瘠的中国大地，也许那是一场狂风骤雨，漂洗着伤痛，冲刷着阴霾尘土。但是这一群以笔作战的人，或许也还怀着真心期待虹光与艳阳。而他，满头银霜的老人巴金，那厚重的名字与厚重热切的文字，诉说着多少伤又有多少爱。

我满怀诚挚地行走着，走在他所写的字字句句里。我难以说自己真正知道了什么，我也难以说他的文字真正带给了我什么。我不是文学研究大师，我也无法真切感知那段时光的印痕。我只是轻轻地对他文字道声问候，又或许道声谢谢，谢谢他的文字激荡着我内心的热血，抑或是道声祝愿，轻语一声安好，感念于他与妻子萧珊的不离不弃，相濡以沫。

也许，曾经，那是一段记忆流伤，而如今，站在他文字的罅隙里，我望见一片绿荫与鸟语花香。那是过去的时代，然而那浸染着时代气息的文字却不容遗忘。于我，我感知着那个时代的伤痛，我也汲取点点滴滴的感动。留给我们的，不仅是一段伤，亦有一份情，在心中难于泯灭，也许就那么激荡着，洗涤着，不知不觉影响着你我前行的步伐。从巴金，望见那段时光，坚韧，不屈、抗争，热切。

"从此我不再抬眼看天，不再低头看白水，只谨慎着我双双的脚步，我要一步步踏在泥土上，打上深深的脚印。"我浅行着，望见他字里行间令我动容的点滴，我一步步走着，也许印迹断断续续，我仍前行着，脚踏着实地，只因想更真切地读懂他，亦是他们的真心，又或许，我也能看清自己。

我只是浅行在文字间，愿行至深处。静静仰望他，他们的星空，轻言着我的问候，或许是来自这个时代对那段时光的绵绵絮语。

陈雅珠　内厝中学　高一（3）班
指导老师　汤光明

追寻方向

我不知道风
是在那一个方向吹——
我是在梦中，
在梦的轻波里依洄。

　　——题记

　　春风抚慰大地，呼唤着沉睡的万物；夏风吹去热浪，触摸着滚烫的湖水；秋风观赏丰收，狂舞着金黄的"衣裙"；冬风凝结一切，倾听着寒冷的哭诉。一年四季，周而复始，这本是自然生物的生活法则。风，它是没有中心的，它喜爱自由自在，任何东西都拘束不了它那广阔的心胸。风，它也没有像人一样的情感，没有喜怒哀乐，但它一直有方向。

　　小草，追求着春意盎然；小苗，希望着参天大树；花儿，渴望着姹紫嫣红；雏鹰，追寻着展翅高飞；我自己，期望着走完人生的路。我们自己都需要有一个目标，一个方向，指引着我们前进，化作一股热腾的力量。当我们揣着一个共同的理想，众志成城地迈步向前，心串着心，那是多么美好啊！我们只需要一个坚定的方向。

　　我喜欢徐志摩的作品，他的诗永远有一种柔和的情感在。即使历史漫长抹去他的生命，但是他的灵魂依旧还在，文字保留着他的一丝气息。我喜欢他的作品之一是《我不知道风——》，正如他这个人一样，他一生出现了三个女人，他爱

68

过，他也恨过，他无奈过，他后悔过，始终他也付出过。他的情感的道路坎坷不平，婚姻有时并不美满，但他执著追求他的爱情。他一如既往地生活在自己编织的纯洁的天地里，天真无邪，崇尚自由、平等、博爱的人道主义情怀，追求着人生的真谛。

徐志摩的一生是短暂的，他的人格魅力，他的文学造诣，他的文采精华，他的奇思妙想以及他的浪漫情怀，都已经跨越了时间的限制，我不知道风是在哪一个方向吹——我是在梦中，在梦的轻波里依洄，虽然他迷茫着前进的路，但是他坦然地走向前方。

其实，我们都曾经迷茫过，害怕向前走，恐惧抉择。对于未来的事情，我们全然不知，不懂得去如何应对，那就让我们随遇而安吧。不同的环境会造就不同种的人，但始终不会改变"逆境造人，天道酬勤"的核心。在中华上下五千年的历史长河中，我们的先祖就已经探索出这个难题，六个字"既来之，则安之"。人应该活在当下，而不是沉迷于过去。"故天降大任于斯人也，必先苦其心志，劳其筋骨，饿其体肤空乏其身，行拂乱其所为，所以动心忍性，增益其所不能"。亲爱的朋友们，先人的智慧造就今日华夏的文化，我们也应当有所付出，有奋斗的目标。即使你付出小，也会有所收获。

我不知道风是在哪一个方向吹——我是在梦中，黯淡是梦里的光辉。

周韵涵　集美中学　初二（9）班
指导教师　黄清华

毕生行径都是诗

谈话是诗，举动是诗，毕生行径都是诗，诗的意味渗透了，随遇自有乐土；乘船可死，驱车可死，斗室生卧也可死，死于飞机偶然者，不必视为畏途。

——蔡元培

读着徐志摩的诗歌，天已渐暗，黄昏悄然降临，手扶着古朴的栏杆往下眺望，池水随风泛起了涟漪阵阵，池边的亭子偶尔会有飞鸟歇脚，远处的天空似是渲染的画，夕阳的光映着天空昏昏的黄色，把亭子、树、水面泛着的光，也映成淡淡的昏黄。我回过头来，长长的走廊一片静寂。我忽然感到心中有一丝丝的惆怅，没由来的惆怅。

徐志摩写的诗，唯美的浪漫风格，总让我感到其中夹杂着一丝丝的愁绪，那种深入骨、印入心的爱恨情愁，短短的句子，却让我从内心深处感受到他在写诗的情绪。

> 燕孤飞
> 人独坐看
> 却一秋空过
> 瑶草短
> 菊花残
> 萧条渐向寒帘

这是我最喜欢的诗句。孤独或是忧伤的时候，倚在窗前，静静地念着他的诗歌，耳畔不再嘈杂，缓缓沉寂，似乎全世界只剩下我一个人，夏未央，秋已到，所有杂念统统抛到脑后。我感觉到，徐志摩的人生中，充满了诗意。友情、爱情、别离等等，他用诗来发抒、感叹，他歌吟心中的渴望、欢乐、忧郁、痛苦，他用笔触描绘心灵的变幻，经心灵精神注入一首首诗中。或许是我还不能真正地理解、领悟他诗中的一言一词的奥妙，但我喜爱的便是他的文字。有时我会想，他在叙述着什么，表达着什么？

我最喜欢的诗便是徐志摩的《偶然》，我喜欢这首诗充满幻想的言语，句句包含着浓浓的情绪。徐志摩咏诗诉说着人世遭际挫折，或情感阴差阳错，或追悔莫及、痛苦有加，或无奈苦笑，怅然若失……

有人说，徐志摩是一个才华横溢浪漫多情的诗人；有人说，他是一个对家庭不负责的人；也有人说，他是一个苦命的人，一生为爱挣扎。人已作古，或许我们谁也没有资格去评价这么一个伟大的浪漫诗人，真正地领悟他的见解、对所爱之人世俗所难理解的一种情愫。他度过了人生的三十四年，仅仅只有短短的十六年，他所经历的、生活过的，无不带着淡然的诗意，"谈话是诗，举动是诗"。

感谢徐志摩，让我感到生命的诗意。

周安妮　　集美中学　初二（1）班
　　　　　　指导老师　江艺华

静水流深

　　星光璀璨，水波荡漾。放眼看，广阔苍穹，漆黑中星光闪烁，那是忠实的守望者，驾着舟行在茫茫沧海，静默中水波灵动，那是火烈的放歌者。是谁？静默中仰望静夜，对月流珠，放歌中呼唤黎明，成就永恒，插文学之翅，成就崇高，泛笔墨之舟，教化民族！

——郭沫若

　　好一个血荐轩辕的守望者！好一个气吞山河的放歌者！

　　作为文学世界里一个平凡守望者，郭老起初是怀着一种浓厚志趣出发的。平常的日子里，他总把自己埋在茫茫古代文学中，携《易经》，品《礼记》，畅想《春秋》，他的手一抚摸书卷，就不舍得放下。他就像打坐的高僧，不动不响，无声无闻，就那么一种心如止水，就那么一种宁静悠远。他品出的是历史的精华，领悟的是社会的真谛。一个个纸本写满了密密麻麻的小楷，他潜心钻研，一部《女神》使世人惊叹。

　　守望者踏上了文学的征途，他持笔畅诉，笔墨纸砚是他的伴侣，书经典籍是他的导师。本着深厚的文学积淀和强烈的写作渴望，他创作出的是令人叹为观止的文学精髓。但在文学界赫然而出的他仍旧探寻着，思考着，马不停蹄地迈进对甲骨文的研究。于是《中国古代社会研究》问世，《甲骨文字研究》也随即赫然而出。他静静地守望着新文学这片净土，期待中华文化源远流长。

　　静水流深，守望中崇高。

　　然而战争爆发了，在这兵荒马乱的年月里，郭老丝毫没有放弃自己的梦想。他一如既往地进行文学研究，身旁炮弹在怒吼，身上思想在沸腾，他坚信长久的守望定能为他打造坚实的盔甲，他希冀旧中国有朝一日能如凤凰一样涅槃，他要给我们衰微的民族开一剂文学药方。于是，他紧盯社会风貌，炯炯目光放射到长远的未来。他想，他写，他与文人墨客进行文字交流，思想的火花迸溅出他创新的格局。他开始借文学之笔放歌，历史剧《屈原》向人民呼喊出他内心的声音：打破土偶泥雕，打破王权神权！他冲上战争前线给士兵们鼓气，给全国人民讲演。他铿锵激昂的话语鼓动着人们站起来，促进着民族进步！他是真的放开歌喉了，而他也真正演绎了民族的绝唱。我想，他是最出色的那一个。

　　静水流深，放歌中永恒。

　　静默，是守望的笙箫；热烈，是放歌的神韵。而郭沫若先生就是这样的一个人，他在守望中打破枷锁，把创新高高托起，也在放歌中唤起了大半个中国的黎明曙光，他曾站在巨人的肩膀上品读文学，但现在他是化身为文学的巨人了。

　　历史的星空需要守望者，而文学的海洋终是需要像郭老这样的放歌者的。

李巧秀

厦门一中　初（13）班
指导教师　肖丽

城南诗画

——林海音《城南旧事》

伴着城南的诗画，诗画一般的城南。

——题记

上个世纪二三十年代的北京城，还是胡同生活的时代。运煤的骆驼队在城里穿街走巷，铃铛清脆悠远；"唱话匣子的"背着留声机，等着愿意听京戏、听笑话的人，请他上门。那时候的孩子到游艺园里看露天电影，听戏、看杂耍；男孩子在胡同里踢球，女孩子在院子里玩"踢制钱"……这一切，都是作家林海音在《城南旧事》里描绘的景象，是她离开生活了近三十年的北京到台湾之后，追忆童年生活的背景，追忆那如诗如画的记忆。

童年的风景画

故事中，英子甚是可爱，拥有着多么美好的童年。

就好像，英子得知妞儿的父母不是亲爹妈，她就赶紧回家问自己是不是妈妈亲生的。又好像，看到兰姨可能会夺走爸爸，英子就赶紧改变对德先叔的态度，撮合兰姨娘和德先叔在一起。还有，看到妈妈总是生孩子，她暗地里给妹妹起外号，等等。简直数不胜数！

当然故事中也有很多栩栩如生、生意盎然的童年生活细节。可以直立放着的棉裤筒，毛茸茸的小油鸡，树上的虫子，草丛里的皮球，不明就里就跟大人胡乱学的歌谣，还有对付大人的鬼点子、虚荣心，对待伙伴的真诚与直率等等。

真是一个快乐单纯、明媚阳光的童年，使人心生温暖，变得柔和。

京味风俗画

在小说的主线故事以外，还有一种"平民生活写真"之感。火坑、鸡毛掸、桂花油、毛驴、洋车、煤油灯、闹鬼的房子、做小买卖的吆喝声、以物换物的购买方式、公用的水井、南腔北调的语言，甚至包括妈妈一个接一个的生孩子，宋妈的重男轻女等等。都让人觉得平易近人，不断地被吸引。

对啊！书中到处充满了北京民俗特性与文化风貌，地道的北京话充满了浓厚的味儿，难怪有人称"林海音先生是台湾'京味儿'作品的代表人物"。

淡雅而含蓄的诗

《城南旧事》中有着许多生动之处，好不讨人喜欢，融入于情。

"妈妈说的，心里暗自胡同像一把汤匙，我家就住在靠汤匙的底上，正是舀汤喝时碰到嘴唇的地方"，多么形象生动啊！

"换绿盆儿的买卖人跟妈妈讨价还价：'听听！您听听！什么声儿！哪找这绿盆去，赛江西瓷！您再添吧！'"真是如闻其声，如见其人！

她这可是把人的感情思想完全融入了，着实淡雅而含蓄。

正是有了这样满腔思念，她的笔调才淳厚纯净，淡薄温馨；而正是因为隔了逝去的时光和遥远的距离，她的笔调才拥有一种豁达和从容。这是一种真真正正的质朴美。

穿过烟云，走入小巷，又回到了这城南。

陈欣怡　厦门一中　初三（9）班
指导老师　郑碰玉

做一个湘下人

——走近沈从文

　　湘西凤凰诚然是无愧于它"中国最美小城"之称。晨光熹微，阳光像是一个调皮的苗家孩儿，迈着赤脚。它调皮地在青砖上留下金光脚印，撩开了这个风情万种有如湘西女子的水乡的面纱。它在那飞檐斗拱上，托着腮帮子用金光引路，于是，沈从文的边城便蜿蜒曲折地展开了。

　　你说："我就生长在这样一个小城里，现在还有许多人生活在那个城市里，我却常常生活在那个小城过去给我的印象里。"

　　这便是你释怀不了的乡愁吧？是你记下了这座城，还是这座城从你的笔下活了起来？

　　"沈从文故居"，牌匾上的行书如湘水般舒畅温婉。站在这大厅里，不知多年以前，你是否正坐在这间屋子里，写下了你对湘西，对自家里这个湘西女子的满腔温情。你曾说："我走过无数的桥，看过无数的云，喝过无数种类的酒，却只爱过一个正当最好年纪的人，我应当为自己感到庆幸。"这并不宏伟的房梁下，过了大把年月，还萦绕着你和爱妻间的种种温馨。望着墙上你与爱妻的合影，仿佛看到《边城》里的那个翠翠走了出来，"在风日里长养着，把皮肤变得黑黑的，触目为青山绿水，一对眸子清明如水晶"，这不单是边城里的翠翠，更是你心深处那个淳朴的湘西女子啊。

　　"我的生命、情感，已经留在了那个给我生命、知识和智慧的湘西，我每天坐在屋中，耳朵里听到的，却不是都市大街的汽笛和喧嚣声，而是湘西的水声、拉船声、牛角声……"于是你不停地写着，你用你的笔，让翠翠的淳朴与美丽永远的活了下来。怀着对家乡湘西的热爱，《边城》以湘西的人情、自然、风俗为背景，旨在展示淳朴的人性和理想人生情态。那真挚的感情、优美的语言、诗意的情绪，宛如清新悠远的牧歌，倾诉着你对湘西的眷恋，对自然的感怀，对至善至美的人情的赞美。

你曾说自己是个乡下人，和城里人有着隔膜。是的，你的灵魂归于湘西，湘西在你的笔下变得有血有肉，有棱有角。她赋予了你写不完的深情眷恋，湘西，早已经成为你心里一座永恒的城。来城市的五六十年，你仍然"苦苦怀念我家乡那条沅水和水边的人们，我感情同他们不可分"。

透过你这份厚重的爱，我们真的看到了淳朴、至美的湘西，所有的文字都在你的笔下得到了净化。

你爱湘西，爱得如此热烈，爱到了骨头里，又生出了一股沉重的思索。

由大厅走入书房，《从文自传》的手稿赫然出现，不禁想起你在《从文自传》里这样写道："我应当照城市中人的口吻来说，这真是一个古怪的地方！"

这古怪之处，在你的文章里随处可见，湘西赶尸、苗人放蛊。你笔下有着湘西美好理想的梦境，也有湘西多么热情而又令人悲悯的乡间生灵！比如《柏子》这个发生在湘西河流的吊脚楼露水夫妻生活，《萧萧》里命运悲惨的童养媳，《丈夫》里生计所迫悲哀无比的异地夫妻等等。而《黔小景》则绘制了一幅惨不忍睹的贵州难民图。

你这个"少见的热爱家乡，热爱土地的人"，由着对湘西的爱，引发了对湘西的思考，你的笔下蘸满了感情的浓汁，带着一种"乡土性"的抒情，在对我们每一个拜访者喃喃诉说着。从你笔下游走而出的淡淡的孤独与悲哀中，感受到你对家乡人的深深悲悯。你正试图用你的思考，用你的爱，去唤醒"城里人"对于"湘下人"，对于"乡下人"的关注。你的一生，都奉献给了湘西，奉献给了乡下人。

湘西这座城使你的文字得以永恒，而你的文字也让湘西变得美轮美奂、丰满立体。你成功地用笔搭建了一个乡土世界。你以"乡下人"自称，一方面是由于你感觉到自己的卑微和凄苦，另一方面也是骄于自己所拥有的乡下人品性：心境淳厚、自然流露、不伪饰，不雕琢。表明与伪善、势利、市侩的城市人的一种对立态势。你就是想——做一个湘下人，做一个乡下人，不伪饰，不雕琢的真人。

丁睿哲　　湖滨中学　初三（7）班
指导老师　杨春华

凤凰魂

——走近沈从文

自古以来，凤凰古城就是一个绝美的地方，没有世事浮沉，没有疲惫酸楚。有的只是烟雨迷蒙的清韵，山清水秀的诗意。凤凰就这样静静地走过了千百年华，而直到那个人的出现，这个古朴的小镇才真正进入了天下人的视野。

这个人的名字，叫做沈从文。

曾经，他之于我，是一个非常陌生而遥远的名字，直到八年级下册语文课本中《云南的歌会》一文中与他初识，直到在学校图书馆的一次"品味经典　感受大师"的中国新文学作家作品展中与他再次不期而遇。

作品展中的他，温和慈祥，笑眯眯地看着我，看着这个世界的一切，镜片后投来的是一种善意而温暖的目光。我倾倒在他温暖的微笑中，也倾倒在他温暖的目光里，跟着这微笑和目光，我走得很远很远……

沈从文是一名土生土长的凤凰人，居住凤凰这个犹如世外桃源的仙境，让他受到了极好的熏陶，在他眼中，文学就是文学，不能掺进功利，就像那洁净的凤凰古城一样。

不知不觉中，沈从文和凤凰的山山水水，也在时光的流转中，渐渐地，悄悄地，融为了一体。

凤凰的水，映照着沈从文。他曾经说过：水的德行为兼容并包，并不排斥拒绝不同方式浸入生命的任何离奇不经事物！却从不受它的玷污影响。水的性格似乎极其脆弱，其实柔弱中有强韧，如集中一点，即涓涓细流，却滴水穿石，无坚不摧。环绕着城的沱江，静静地流淌着，悄无声息。却滋养着一方土地，把手浸入沱江水，那种清凉，那种空灵定会醉了你的心。正是因为这种不引人注目的平凡的美丽，才让无数人为之神往。沈从文也是如沱江水一般，从未把自己看作浩浩荡荡的长江或是黄河，始终自视为一江平凡的水，以涓涓入世，在丛林中，在山石间本就不喧嚣。因此在社会将沈从文冷藏之时，他只是微微一笑，并不悲愤欲绝，淡然面对，依然以一颗平常之心出世。同时，他用那可以生花的妙笔，为世界呈现了绝美的湘西，成就了自己，也成就了凤凰。

凤凰的山，映衬着沈从文。1988年，沈从文在北京与世长辞，去世后，沈从文的骨灰被送回了家乡凤凰，葬在了沱江畔的听涛山，涛声依旧，沈从文也从未离开。看到巍巍的听涛山，仿佛沈老先生就走到了面前。沈从文有着坎坷的一生，曾经，对生活心灰意冷的他，将利刃挥向了自己的脖颈，好在过路人及时发现，将他从死神的手里夺了回来。之后，即使文学成就已举世瞩目，但由于种种不公的原因，社会将沈从文冷藏了起来，一封就长达30年，期间，没有出版他的任何作品，没有报道他的任何活动，仿佛在这个世界上永远消失了。然而，如山般的坚强意志让他走了过来，没有自暴自弃，没有大义凛然，没有做出什么绝世之举。挥手，转身，他毅然选择了另外一条道路，对考古学的研究让他又成为了举世瞩目的大家。他有着如山般的宽厚，凭借着《边城》，他走向了世界，却依旧对无名的后辈积极提携。另一位文学巨匠巴金这么评价他："沈从文是所有朋友中待人最好的，最热心助人的一位。"在人情渐薄的时代，沈从文宽厚待人就显得尤为珍贵。就像沈从文的挽联上写的那16个字一样："不折不从，亦慈亦让；星斗其文，赤子其人。"

也许，没有谁再比沈从文更痴迷于故乡了，一个士兵不是战死沙场，便是回到故乡。他如愿了，从生到死，沈从文与凤凰就一直是两个连写的名词。凤凰给沈从文以寄托，沈从文也把凤凰这座边城推向世界，两者互相成就，而两者又是那么的相似，都是宁静，美丽而又淡然的。

那座白塔巍巍的矗立，诉说着一段属于边城的时代记忆。那段沱江静静地流逝，放映着一个属于沈老的百年湘西。

这就是沈从文的凤凰，这就是凤凰的沈从文。

李怡萱　湖滨中学　初三（7）班　指导老师　杨春华

一身诗意千寻瀑，万古人间四月天

——走近林徽因

当我追寻着林徽因一生的足迹时，我以为她就像深谷之中的一支幽兰，美的清冷，没有瑕疵，干干净净，清清爽爽，就如她的诗歌："你是那人间四月天。"但是当我走近她时，我又发现这恬淡的幽兰分明还绽着梅花那般炽热的红。

眼前扯起一重重的雾幔，像是旧电影似的黑白的女子。那眉间的蹙蹙，像是流水那样温柔的绕过山间，淡淡地淌着寂静的颜色，像是夜里轻弹着的乐声，低吟着婉柔的情意。那骄傲的锋芒的大眼，像是远山出的蓝天，海上的落日，无限的高远，无比的壮丽，但那人间的万花镜的展览反映在她的眼眸中，只是一层鄙夷的薄翳。她那矫情的文字，像是牡丹花上的阳光，你明知是腻人的，但你不能否认她的艳丽。她就像一团带电的云，裹挟着空气中的电流，放射着耀眼的光。她是让所有人为之倾倒的女神，更是一个在奋斗中耗尽一生精力，一个用寂寞和柔情酿出字字的玉露的可爱的凡人。她踏在浪花的顶尖，用她的骄傲，用她的力量让所有人为之惊叹。

她是中国古建筑里的精灵。她的衣袖里浸满了古色的香味，曲转的长廊里有她清秀的背影，那摇曳的红色灯笼，跨过无数的门槛；那凄清的月色里，她还在用秀丽的字体记述着建筑的美丽。她是一个建筑家，推开的房门有两千多户，她所见的岁月时光，从古老的楼宅里攀在她的心上；二十几篇建筑论文，是她走过这些美丽故事的纪念，她在黄土上，她在高山上，她在战火中，她在任何有中国建筑的地方。为古建筑，她不惜拖着重病之躯，去推开那一扇扇封尘已久的大门。

她是文学界里一朵永不凋零的雪莲，用自己独特的美丽和芳香感染着所有人。

政府官员一手遮天，无数的人受难煎熬，她在秋天无常的变换中，尖锐的讽刺着"现实的背面，是不是现实，荒诞的，果属不可信的虚妄"。在一家团聚的年关，她望着月亮，在辛苦的农民中游荡，像是在心酸里流淌，辛苦到头一年来，为了年关的辉煌，又有多少人在远方痴痴地念着家乡，她叹息："着红的灯光，绿的紫的，织成了这可怕还是可爱的夜？着聒噪中，为什么又凝着沉静，这热闹里，会是凄凉？"像是贵族一样的公主，不顾一切返回了落后的家乡，她的新衣，被旧礼撕破；她的骄傲被局限于传统之中。许多人仰慕着她的地位与身份，用虚假的赞赏，像夏天堆的雪人，无用的奉承。她不外表坚强，却独自来到江畔，默下"我数桥上栏杆龙样头尾像坐一条寂寞的船，自己拉纤"。在雨天过后，与朝阳一起重燃希望，坚定的笔画"如果我的心事一朵莲花，正中擎出一支点亮的蜡，莹莹虽然单是那一剪光，我也要骄傲地捧出辉煌"。

她是中国现代文学史上第一代才女，她的美丽被流唱于千古，唯独，我们遗忘了她的真实，遗忘了她也有着女孩子般娇弱的性情和脾气。她致沈从文的信中写道："理想的我老希望着生活有点浪漫的发生，或是有个人叩下门走进来坐在我对面向我谈话，或是同我同坐在楼上炉边给我讲故事，最要紧的还是有个人要来爱我。我做着所有女孩做的梦。"与梁思成的结合给了她完美的婚姻，但是，始终没有给她激情的迸发，一个渴望追逐爱的太阳的女孩，却被平静的生活给束缚。于是徐志摩成了她诗歌中的主角"这一定又是你的手指，轻弹着，在这深夜，稠密的悲思。我不禁颊边泛上了红，静听着，这深夜里弦子的生动"。然而，徐志摩却在不幸中离开了她。或许你会觉得她放荡，但是在她的眼中没有情感的生活简直是死！她曾经说过："如果在横溢情感和僵死麻木无情感中叫我拣一个，我毫无疑问要拣上面一个。人活着的意义基本的是在能体验情感。能体验情感还得有智慧和思想来分解情感——自己的或别人的！"

如此一位美丽着如秋天那般婉约，寂寞着的船头的孤船，清淡的不食人间烟火的女子，在寂寞的痛苦里快乐着的林徽因，在我的心里划下深深浅浅的痕迹，成了我记忆的梗上开着的那两三朵娉婷的花，无名的展开，永久的芳香。

黄若虚　　湖滨中学　初三（7）班
指导老师　杨春华

他，从边城走向世界

　　"近水人家多在桃杏花里，春天只需注意，凡有桃花处必有人家，凡有人家处必可沽酒。夏天则晒晾着在日光下耀目的紫花布衣裤，可作为人家所在的旗帜。秋冬来时，房屋在悬崖上的，滨水的，无处不朗然入目。黄泥的墙，乌黑的瓦……"

　　读着《边城》中细腻优美的文字，我仿佛来到了白河沿岸恬静幽美的山村，感受到湘西边城浓郁的风土民情。

　　小溪白塔旁边，住着一户人家。独门独院里，只有爷爷老船夫和孙女翠翠两个人，还有一只颇通人性的黄狗。这一老一小便在渡船上悠然度日。翠翠渐渐长大，纯洁朴实的她出落得亭亭玉立，让船总的两个儿子都为之倾心。可是孤独的翠翠面对痴心爱情却不知所措，一次次含蓄埋没，躲避推脱，换来的竟是一场悲剧。山崖上再也听不到天保和傩送兄弟月夜的山歌，天保在漩涡中溺水身亡，傩送悲痛之际去了遥远的"桃源"。在这令人心碎的时刻，爷爷在吃了掌水码头"一闷拳"的怨恨后，在那个暴雨雷鸣的夜晚，碧溪的白塔终于倒塌，翠翠唯一的亲人，辛劳一生的老船夫在睡梦中带着忧虑和期待撒手西去。翠翠在杨马兵等人述说中，明白了一切，她痛哭了一个晚上，可是那如歌的岁月似白河流水滔滔而去。

　　这看似轻松酣畅的文字，实则浓晕幽幽的笔墨，向我们述说了边城中一个悲剧的爱情故事。而它的作者沈从文，就生长在湘西沱江边这样一个令人神往的古城——凤凰。

　　读完《边城》，带着对边城的向往与期待，我来到了凤凰，来到了沱江畔，想看看是怎样的灵秀养育了这位文学大师。

真是名不虚传啊！小城依山傍水，清浅的沱江穿城而过，沿江而建的吊脚楼群，细脚伶仃地立在沱江里，有着说不出的美意。我不由惊叹：真是人杰地灵啊！在参观完沈从文的故居后，我们来到了一座石碑牌坊下，高高耸立的牌坊并没有让人感觉庄严，而只有一种古朴的气息。在这里，我得知了一个关于沈从文立志的故事。一日，他的七姨夫带他去河西游妈祖庙，两人立于楼下仰看门坊上的石雕牌坊。七姨夫抚摸着石雕道："人生在世，事业欲成，只要有恒心，铁棒磨成针。"沈从文点头称是。"我定穷尽毕生心血，也雕刻一座牌坊！"

沈从文没有食言，他真的雕刻了一座乡土文学大师的牌坊！真是"志当存高远"啊！沈从文从小夸下海口，树立那么高远的目标，并朝着这个目标不断努力，就成就了自己的梦想。他的《边城》，展示给读者的就是湘西世界和谐的生命美，淋漓尽致地表现了湘西地方的风情美和人性美。沈从文在谈及《边城》时说："我要表现的本是一种人生的形式，一种优美，健康，自然而又不悖乎人性的人生形式。"

他生长在原生态的湘西边城，所以他的文学崇尚没有杂质的朴实无华，他的文字也就自然质朴。没有跌宕起伏的情节，没有华丽的铺排，只有淡淡的平静、哀怨，美丽中透着悠长的感伤，令人回味无穷，欲罢不能。

而今，在作品展中，伫立在先生的画像前，品读这位文学大师的一生，我感慨万千，是他不拘一格的文体，真挚朴实的情感，以及独具魅力的内涵，让他从仅有小学学历的顽童成为具有国际影响力的文豪，从偏处一隅的边城走向了世界。

王 琳　　思明区华侨中学　初三（7）班
　　　　　　指导教师　罗晓晖

读懂巴金

1904年11月25日，巴金生于四川成都一个官僚地主家庭。

追忆起巴老，自是有甚多话，欲道出口。

巴老之所以能作为一代文学巨匠令人们钦佩、受人们尊敬的原因，不仅仅是因为他勇于说真话，执笔述真言。还是因为他用充满信念的话语来激励一代代的人们。例如《家》《春》《秋》，其中虽然写出了爱国青年对国家的担忧以及对旧制度的不满，但巴老仍在作品中向读者展示信仰的力量，给予人们信心、希望与力量。他的作品体系完整，内容丰富，思想深刻，却没有用多么细腻优美的话语点缀装饰。他真是做到了"艺术的最高境界是无技巧"，他是在用"真"感染着万万人。

他也曾说过："我写作不是我有才华，而是我有感情。对我的祖国和同胞，我有无限的爱，我用作品表达我的感情。"而巴老在晚年最辉煌壮丽的一笔，就是在《随想录》中把"讲真话"的问题提出。

虽然巴金晚年只作《随想录》，但他的随感写出了对假话与假话时代的否定、怀疑与厌倦而获得更大尊重。他写出了自己"文革"中被残酷批斗时，不得不说假话的经历。当"文革"风暴散去之后，巴老不是欢声庆贺也不是松一口气，反而是沉重地执笔，写下了忏悔——不饶恕"文革"，也不饶恕自己。他的敢于说真话、真诚、执著、怜悯情怀无一不令人们产生尊敬之情。同时他能够直言中国过去"太不重视个人权利，缺乏民主与法制"，痛感"今天在我们社会里封建的流毒还很深很广，家长作风还占优势"，并集中批判"长官意志"。他不放弃自己表达真话的坚定，也不放弃自己追求真理的精神，使之无愧于"现代文学巨匠"这样一个称号。

仍记得巴老说过的一句话——"怕是给铺上千万朵鲜花，谎言也不会变成真理"。但是近段时间以来，却有人质疑巴金的文学成就。例如，作家韩寒认为"巴金之类的文采很差"。不过此说法遭到万万读者的极力反对。巴老留下的是一个世纪以来的历史，留下的是他对社会对现实的犀利批判。唤醒曾经沉睡着的人们，唤醒曾经被迫说假话的自己。并且，巴老享誉世界的根本原因，不在于文学水平的高低，而在于他的真心实意。毕竟，"伟人就是伟人，跳梁小丑就是跳梁小丑，历史总有公论"！

况且，在巴金年老之时，他还在香港获得荣誉称号"香港中文大学荣誉文学博士学位"。由此，巴金这个名字又一次在港岛引起了轰动。而香港青年们献给巴金此句："没有人因为多活几年而变老，人老只是由于他放弃了理想。岁月使皮肤起皱，而失去热情却让灵魂出现皱纹。"由此可知，巴金的青春永驻。而不是因时光流逝，理想便被丢失在半路。

可当巴老就那么无声无息离开我们的时候，我突然想到他说的一句话："为着追求光和热，人宁愿舒弃自己的生命，生命是可爱的。但寒冷的、寂寞的生，却不如轰轰烈烈的死。"于是，当他变成天上一颗闪亮星星的时候，人们无一不落下滚烫的泪水。

2005 年 10 月 17 日 19 时零 6 分，中国一代文学巨匠巴金在上海逝世。

白舜展 云顶学校 初一（2）班
指导老师 张晓燕

我眼中的鲁迅

参观我校"走进名家名作"系列欣赏活动，我的目光停留在了一位巨人身上，一张瘦削的脸庞，透出刚毅与坚强；两道犀利的目光，仿佛能刺透重重黑夜；一头不屈的黑发，根根显示出与恶势力的不调和——这就是鲁迅。

我眼中的鲁迅是坚强、勇敢的。鲁迅十二岁在绍兴城读私塾的时候，父亲正患着重病，两个弟弟年纪尚幼，鲁迅不仅经常上当铺，跑药店，还得帮助母亲做家务，他过早地体验到了人生的艰难和世情的冷暖。但他并没有因此而消沉，而是勇于挑起生活的重担，在磨炼中变得更加坚强。而十二岁的我，今天却衣食无忧地享受着父母为我创造的一切，却不谙世事，甚至还很幼稚可笑，为一些小事和同学争得面红耳赤。读了鲁迅，让我明白，苦难和挫折不只是制造痛苦，还可以让人成长，逐渐变得独立和坚强。

我眼中的鲁迅是爱国的。鲁迅在日本仙台医专留学时，因解剖课成绩60分而受到日本人的怀疑，认为是因为藤野先生透露了题，这让他深感作为一个弱国子民的悲哀；还有一次，他在幻灯片中看到一个中国人被日本军队捉住杀头而一群中国人在旁边看热闹的片段，精神受到了很大的打击，从而认识到，精神上的麻木比身体上的虚弱更可怕，他弃医从文，用文字来揭露国人丑陋的灵魂，讨伐封建专制。我们都热爱祖国，但往往停留在情感上，而从没有从心底里想要为祖国做些什么，甚至改变什么，这是需要多大的勇气和远见呀！

我眼中的鲁迅是惜时如命的。他曾说："倘若无端的空耗别人的时间，其实是无异于谋财害命的。"因此，鲁迅最讨厌那些成天东家跑跑，西家坐坐，说长道短的人。在他忙于工作的时候，如果有人来找他聊天或闲扯，即使是很要好的朋友，他也会毫不客气地对人家说："唉，你又来了，就没有别的事好做吗？"每天忙于学习、写作业的我们，可能会感叹说："我们的作业太多，根本没有时间来阅读。"于是总是找了很多理由，拒绝阅读，也就拒绝了与大师交流的机会。鲁迅除了写作外，还有很多其他工作，但鲁迅几乎每天都在挤时间。他说过："时间，就像海绵里的水，只要你挤，总是有的。"是的，他把别人喝咖啡的时间用来工作，他把别人唱歌跳舞的时间也用来工作，他甚至把别人做美梦的时间也用来工作，可以说他把一切可以利用的时间都利用了。他对自己可以毫无遗憾，因为他把一生都奉献给了祖国，献给了人民。

我眼中的鲁迅是个真实不假的人。他敢怒、敢爱、敢恨、敢骂、敢笑。不做欺心之事；不弃对前妻朱安的道德责任，更爱红颜知己许广平；呵护小弟周建人有加，而对不肖的二弟周作人强忍决裂之痛；既痛斥作威作福的"洋大人"和"假洋鬼子"，也真挚地感念跨洋的老师藤野先生的恩情。他的真诚不假，是我们很多人做不到的。

在祖国母亲备受创伤的旧社会，正是他的那句"横眉冷对千夫指，俯首甘为孺子牛"的奉献之语，使多少有志的青年聚集在这位先行者的周围，跟着他的呐喊，他用自己的心血，冒着生命的危险，抱着永恒的信念引导了代代莘莘学子走上真理和正义的道路。今天，我们不敢质疑和挑战老师的权威，不敢与父母据理力争，更不敢对社会的种种不公说不，这样的一味地忍隐，也许就造就了软弱的国民，哪怕面对日本人的公然挑衅，也只能义愤填膺，愤愤不平罢了。

从百草园到三味书屋，从日本回归中国，从寿老先生到藤野先生，从长妈妈到闰土，从孔乙己到阿Q，鲁迅先生留下他无限的欢笑与回忆。深深的抒情和呐喊，也许他曾彷徨，也许他曾犯下过许多的错误，但他永远不怕改正错误。他在严酷的剖析外部世界的同时，以更为严酷、甚至可以说是近乎残忍的态度剖析自己的内心世界，他是一个严格意义的真正的人！

我从没见过这样伟岸、坚强的鲁迅，从没见过这样努力、惜时的鲁迅，从没见过这样真实、不假的鲁迅……我们将学习你的精神，用坚毅筑成钢铁般意志，用铮铮铁骨铸就中华之魂！

戴佳旖

莲花中学　初二（1）班
指导教师　蓝萍

我和老舍

我和老舍，并无交集。他是作家，我是读者，仅此而已。

可我们熟稔得像老邻居一样。老街、古巷、小胡同、鱼鳞瓦、话剧、坠子、相声、数来宝……老人挂在嘴边的话，于我们，都是童年的砖砖瓦瓦。

初识老舍，大概是在学《猫》这篇课文的时候。猫自小便是我的小宠，我笔下的猫不计其数。但老舍的"猫"却和我的截然不同，仿佛带着点小胡同的味道，连老舍这个名字都有些别开生面。

后来，我才知道这是京味文学的鼻祖。我是在农村的外婆家长大的，字里行间不免流淌着一股山野气息，改也改不掉，那时，老舍的这篇《猫》给了我保持独特的勇气。现在随手翻翻那时的文字，寥寥数语就有闲云野鹤般的感觉。

毕竟都是小市民，写出来的文字，扎根于本土倒也雅致。此时，我心目中的老舍，没有"大文豪"的娇气，就是一个实实在在的布衣，有的是"野火烧不尽的韧劲"，有的是"对于祖国的挚爱和热望"。不想一场"文革"，竟把老舍埋进北京西郊那芦苇丛生、充满野趣的太平湖。

我以为，老舍笔下的底层人物的悲剧只是昨日的故事，或许他再也不必为他们或为自己而双眼噙着泪水。不过，这于他只是一场迫不及待要醒来的噩梦。

我不禁有些酸楚。

《猫城记》《四世同堂》《龙须沟》……我难以想象这真挚文字背后，竟有叫人心弹跳般地疼痛！

"宁为玉碎，不为瓦全"！

这竟是老舍先生的绝笔！是啊，自从他醉心于五四新文化，自从他奔向武汉抗日救国的洪流中，自从他以巨大的热诚开始从事传统艺术改革，自从他从文艺界的组织者和社会活动家，成为抗日和争取民主的战士，他的生命早已献给了祖国！

没错，他是布衣，是不怕枪林弹雨，永远忘我，为所有黔首抛头颅洒热血的——我们永远的老舍！

沈青妮　诗坂中学　初三（3）班
指导老师　纪丽断

如雪的人生

假如我是一朵雪花，　翩翩地在半空里潇洒，

我一定认清我的方向

飞飏，飞飏，飞飏，

这地面上有我的方向。

不去那冷寞的幽谷，

不去那凄清的山麓，

也不上荒街去惆怅

飞飏，飞飏，飞飏，

你看，我有我的方向！

在半空里娟娟地飞舞，

认明了那清幽的住处，

等着她来花园里探望

飞扬，飞扬，飞扬，

啊，她身上有朱砂梅的清香！　那时我凭借我的身轻，

盈盈地，粘住了她的衣襟，

贴近她柔波似的心胸——

消融，消融，消融——溶入了她柔波似的心胸！

——题记

看到这首诗，我不知道该如何表达。不得不说，徐志摩的诗里，无不透露着一种不可思议的吸引力，这是一种崇尚并追求自然人性的美——追求超凡脱俗的自由，追求纯真美好绝对自然浪漫。在品味的过程中你可以体会到他对爱和美的追求，会感受到一种发自自然人性的快乐。

徐志摩的诗字句清新，比喻新奇，想象丰富，意境优美，神思飘逸，富于变化。在他的诗中，爱情诗无疑是最富有特色的一部分。在《雪花的快乐》中徐志摩描述了我们常见的自然事物——雪。纯洁美好的纷纷白雪漫天飞扬，其中融入了作者的寂寞感伤和执著向往，飘起来也更加有韵味和感情。徐志摩把自己想象成一朵雪花，寂寞如雪，自由而孤独飞舞，飞扬、飞扬，最后找到属于自己的地方，自由中给人感觉对未来的坚持与向往。他把他的理想与希望写进诗中，抒发了内心最真实的情感。他渴望自由，追求个性，他对爱情纯粹地执著，向往美好未来……这就是他，浪漫且单纯。正如胡适所说："他的人生观真是一种单纯的信仰，这里面只有三个大字：一个是爱，一个是自由，一个是美。"

我个人十分欣赏徐志摩，我们都同样的渴求自由。自由于他于我，是不可或缺的存在，讨厌被禁锢，讨厌被束缚，喜欢像风一样无拘无束。不同的是，我们生于的时代不同，我可以在现实生活中追求、享受我的自由，而他只能在诗中抒发自己的自由的渴望……这是时代的悲哀。

徐志摩的一生，已经随着那洁白的雪花消融了，我们无从考究，但我们透过他的诗，品味他的思想，他的哀愁，他的渴望。他的感情，在诗中展现的淋漓尽致！

杨珍妮

外国语学校翔安附属学校　初二年（3）班
指导老师　吴慧莹

那激流中不朽的经典

——走近巴金

什么是经典？

经典是寂寞之人用青春编制出的五彩的梦；经典是身处困境之人血泪的结晶；经典是漂泊之人孤独的吟唱。经典是一部不朽的作品，经典是一曲传唱的歌谣，经典是一种传统的文化。

卡尔维诺说过："一部经典作品是一本每次重读都像初读那样带来发现的书，一部经典作品是一本即使初读也好像是在重温的书。"

巴金先生，作为五四新文化运动以来最有影响的作家之一，中国当代文坛的巨匠，虽然于 2005 年 10 月 17 日因病逝世于上海，但他的作品影响了整整几代人，直至今日，仍在向我们讲述什么是经典。

巴金先生所创作的《激流三部曲》，其中以第一部《家》最为人所熟悉，被视为中国现代文学的经典作品。《家》集中展现了封建大家庭制度的典型形态，在高老太爷统治下，这个家庭内部充满着虚伪和罪恶，各种矛盾在潜滋暗长，逐步激化。就在这一背景下，作品描写了高氏三兄弟的恋爱故事。其中高觉慧与婢女鸣凤构成了第一个悲剧事件；高觉新与钱梅芬及瑞珏构成了另两个悲剧事件。这些作品虽然已经创作了有些时日了，但至今仍有强烈的热情，又有曲折的情节，又有类似情节剧的催人泪下的力量。中国内地城市的压抑，传统大家族的钩心斗角，感伤的情绪和复杂的纠葛，都让当时的青年之外的主要阅读群体——市民阶层迷恋于这些作品。

而今，我又重读《家》，依旧是充满悲愤和感慨。在这个封建的人吃人社会中，鸣凤就是一个很典型的牺牲品。她在很小的时候便被卖到高公馆做丫鬟，在这七年中鸣凤过着招之即来、挥之即去的非人生活。而觉慧是一个向往自由、接受新思潮的叛逆者，这样的他不得不说是造就鸣凤悲剧的另一根导火线。觉慧不想待在这个无可挽救的封建大家庭，他参加社会各种新潮运动，这时也就难免忘记了那个和他处于热恋的小丫鬟鸣凤。当高老太爷要将鸣凤当做礼物送给荒淫的冯乐山时，觉慧却因为工作忙而只是口头上应付了一下鸣凤。夜五更鸣凤最终走向她自己选的那条路，挂着凄凉的微笑，一步步的走向湖底，在生命的最后一刻她终于叫出了"觉慧"，没错，是"觉慧"，在生命的最后一刻，她终于不再是一个低微的，一个可以被人买来买去、送来送去的物件，她是一个人，一个有血有肉有感情的人，她以死来控诉这个万恶的吃人的封建社会，她用死来唤起整个社会向黑暗势力的抗争。

《家》对封建制度和封建礼教的吃人本质做出了强烈控诉，对封建家庭制度全面崩溃的趋势予以了深刻的揭示。告诉了世人在中国封建社会中，一个封建大家庭便是这个社会的一个缩影，它往往最能反映出封建社会的本质特征。因而，《家》对这个封建大家庭的揭露和批判，就有更为深刻、广泛的历史意义。

巴金，他可能没有鲁迅的忧愤深广，也没有茅盾的鞭辟入里，但他强烈的激情，强烈的对于青春冲力的渴望却让他成为五四青春精神的最好象征。而他对于人的自觉精神的持续探索也使得当时的青年为之震撼。

重读经典，巴金笔下的人物依然鲜活地出现在我的面前，巴金也依然是我心中地位最重要的五四作家，巴金将与他的《激流三部曲》一起永存我们的心里。

吴心婵　外国语学校翔安附属学校　初二年（3）班
指导老师　吴慧莹

蓬勃的春天，蓬勃的未来

——走近朱自清

　　他是著名的民主战士、散文家、学者。他虽是奠基人，既对"清华学派"有着不可磨灭的功绩又发表过无数篇作品，但他一生穷困潦倒，最终还为了民族气节而活活饿死。他是谁？他又是个怎样的人？他究竟为何一生囊中羞涩？让我们一起走近大师——朱自清。

　　初次接触到朱自清先生及其作品，是在小学的时候，还记得老师给我们读朱自清先生的散文《背影》时，整个课堂鸦雀无声，老师的表情也异常凝重。透过那副宽大的眼镜，我分明看见老师的眼睛里泛着红，眼角也是湿的。也许由于年龄尚小，懵懂无知，我还不大能理解老师当时的心境，只是觉得此文之朴实无华，感情之真挚令人难忘。

　　数隔几年，当我以一个初中生的身份重读这本泛黄的《朱自清精选集》时，内心深处所受到的是一种前所未有的强烈震撼。因为通过细细品味，我逐渐看到了一个曾经热血沸腾、渴望自由的朱自清。

　　在《春》中，先生把春比喻为一个刚刚睡醒的孩子，欣欣然张开了眼，遍地的野花仿佛是天上的星星眨着眼。风，不再像冬天那样寒冷，像母亲的手，轻轻地抚摸着万物。在温暖的春风中，孩子们高兴得放着风筝。

　　"春天像健壮的青年，有铁一般的胳膊和腰脚，领着我们上前去"。朱自清先生是用春天寓意中国的未来，寓意中国年轻的一代，表明先生即使在最黑暗的黎明前仍坚持自己对独立自由、青春富裕中国之希望与期待，仍坚持自己对生活在这片土地上的人们寄之希望和期待。有希望和梦想的人是可爱的人，不畏艰难险阻一直坚持自己希望和梦想的人是可敬的人。每个人的际遇不同，禀赋各异，成就也不一样，但都要有自己的梦想，在人生的春天去努力与奋斗。

因为先生告诉我们："一年之计在于春，刚起头儿，有的是功夫，有的是希望。"是的，我们每个人都会有自己的春天，有自己的青春年华，也必然要走向人生的秋天、生命的暮年。如果我们在春天时，努力过、奋斗过、欢笑过、痛哭过，那么对秋天就会多几分期待，多几分收获。先生的《春》所带来的蓬勃生机，让我们无论处在什么境地，都能够看到绿色和希望。

朱自清先生是一个浩然正气、具完美品格的有骨气的人。在艰难困苦中不坠青云之志，在面临饥饿死亡威胁之时不领侵略者的救济粮，最后在自己人生最为美好的年华因贫病交加而去世。先生去世后，伟人毛泽东不吝赞美之词，高度赞扬他不吃嗟来之食的民族气节。这是一位真正的"地正气、法古今完人"堂堂正正的中国人，是每个中国人心中永远的丰碑，是"上下五千年、纵横万千里"的中国永远的骄傲！

春天，是希望的种子，是生命的开始，是美丽的象征。我们青少年是祖国的花朵，是祖国的未来和希望。只有我们好好学习，茁壮成长，才不会愧对"祖国春天"的称号。要让花开得更美更香，让草长得更绿更有活力，才能实现朱自清先生梦中蓬勃的春天，实现朱自清先生梦中蓬勃的未来。

内厝中学　初一（3）班
指导教师　陈碧玲
汪虹娇

读《繁星·春水》有感

　　诗歌，在我的印象中，总像是一位高贵的蒙面女郎，神态，时而略微笑，时而又有着几分忧郁。她很深奥，可以一眼望穿你，你却琢磨不透她。因而对于诗歌，我总是似懂非懂。

　　然而，冰心的《繁星·春水》却带给我不同感觉。

　　"那墙角的花！你孤芳自赏时，天地便小了"。仿佛让我看到了生着苔藓的老墙边，一朵洁白的小花摇曳着，也许是在欣赏自己。"命运！难道聪明也抵抗不了你？生——死都挟带着你的权威"。时时引我思考，体会一番后，又知假如生命轻如鸿毛，我不恋此生；假如生命重于泰山，我愿度千年。有时想想："母亲呵！我的头发，披在你的膝上，这就是你付与我的千缕万丝"。这样的境界，可真令人钦羡。

　　每一首小诗，每一句诗，都有它自己的意思。就像一个个富有自己思想的小精灵。你若是不问它，仔细推敲它的心，那便什么意思也没有。就只是走马观花地看看而已；只要你愿意问它，它就会向你敞开心扉，也会像一个人一样与你交流，读着读着，我发现自己不是在读，而是在与人讨论了。曾听过一句名言，大至就是"书是一个朋友，会与你倾心交谈"。怪不得从古至今会有那么多人以书为友，甘为一个"书呆子"，成了一个"诗痴"。怪不得《红楼梦》中香菱在梦中都要作诗了。

　　读了许多诗后，总是发现一首首小诗都有各自分类。诗，时而像是个小孩子，可爱、天真、活泼；时而又像是个温柔的母亲，会劝诫，更会鼓励；时而是个有自己理想的青年人；时而又是自然界的一物，或花或草，会变形。有人总觉得《繁星·春水》写得太幼稚，又太懒，竟连一整首诗都写不完。但零零星星的诗才会像天上的繁星，各有各的闪光，才会似春水，柔柔的，总不会完。

　　读完这本诗集，觉得很美很美，不仅仅是美而美，也有忧而美，悲而美。冰心的诗里，一个多美的世界！冰心的诗含蓄深刻，字里行间，透露着作者的独具匠心。不知为什么，看了《繁星·春水》，我的心灵微微触动一下，也许，这便是感动。

许晓鑫　观音山音乐学校　初二（6）班
指导老师　王　静

我认识的鲁迅大师

　　无疑，若真进入得了鲁迅先生的精神世界，那么定会由衷赞叹其深邃的见解、犀利的语言、独立的人格、柔硬的品质。

　　鲁迅先生的见解、语言、人格与品质，是我在看过他许多的作品后总结出来的。让我印象尤为深刻的是他所写的《阿Q正传》。他持笔与那个时代的黑暗抗争搏斗的身影令我看到了一个真正革命者的英姿。他曾说过这样的一句话："我的取材，多采自病态社会的不幸的人们中，意思是揭出病苦，引起疗救的注意。"早年远渡日本学医深造，打算救死扶伤，终于才发现病入膏肓的是人的心。于是毅然弃医从文，长歌当哭，口诛笔伐，治愈人心。

　　我记得《阿Q正传》中的主人公阿Q就是当时中华民国时期社会中较为典型的一类人。阿Q的"精神胜利法"纯粹的说就是被人欺负了，却还会以自我感觉良好的态度去面对。就从鲁迅先生写的文章来说吧，文章里面有个段落说吴妈觉得阿Q可怜，就去关心他，爱护他，可是阿Q却自认为是吴妈喜欢他，这便是阿Q所谓的"精神胜利法"，也就是我们俗话说的"精神升华"。可以看出鲁迅先生用这种反讽的手法把当时的社会完整地呈现在我们的面前。是那样的不堪与腐败，也正好表现了鲁迅先生那种想要拯救国民，拯救社会的爱国精神。

　　因为当时的社会封建，那些统治者的"精神升华"与对人民进行的封建麻醉教育，正是造成劳动人民不觉醒的精神状态的麻醉剂。这种麻醉剂只能使劳动人民忘却压迫和屈辱，无反抗，无斗志，永远处在被压迫、被剥削、受害者的状态中，成为封建统治者的奴才和顺民。就像文章中的阿Q被比他厉害的人欺负时，他不敢反抗，也没有斗志去反抗，就这样被欺负着，也就是像古人说的那样"周瑜打黄盖，一个愿打一个愿挨"。后来革命来了，阿Q也反抗了，鲁迅赞同他反抗，但鲁迅在继续思考，他如何反抗？鲁迅发现这种反抗是让自己变成主人，阿Q反抗，变成什么？他好像要变成赵太爷了，去奴役王胡与小D了，也就是说，他变成主人的同时，复制了一个新的主奴结构。鲁迅很早就发现，中国所谓的农民起义正是在复制这一结构，项羽看到秦始皇时说"大丈夫当如是"，刘邦看到秦始皇时说"彼可取而代之也"，这不是鲁迅所要看到的。他不希望现代中国变成那样。所以，当一些小说电影中，出现企图通过一次刺杀，一次爆炸，或者是一次革命来结束整个腐败的统治，简直是不堪一击。人民并没有真正地得到解放，他们只是依附于一种新的体制。而这令人深恶痛绝的社会，这个可怕的吃人的国家机器，正是我们这样千千万万个阿Q，亲手创造的。鲁迅先生要用他的文字去医治他们，但真正医治成功的却是少之又少。

此时，我再忆起鲁迅先生的种种，才发现这是一个真正伟大的作家。犀利的文笔，深邃的思想，影响了整整一代人，影响了一个时代。这便是我所认识的鲁迅先生。

周夏曲　集美中学　高二（8）班
指导老师　王晓辉

梦想光明的圣人

历史的幕布似乎永远没有落下的一天，前面的人不断书写新的史书，而过去的岁月也在笔墨中存留了下来。有些人在广阔的历史长河中黯然消失，但是总有一些人乘风破浪的身影留在了漫漫历史长卷中，他们属于过去，也属于未来。

在中国这个文化大国中，新文化运动在历史上是空前的一次思想大革命，给中国人民的思想来了一次大冲击。新文化运动猛烈地抨击了几千年的封建思想，掀起了一阵革命热潮。这场运动让中国人民从愚昧无知中醒悟了过来，得益于几个受到西方教育的学者勇敢地站出来，为国人指点迷津。

在略读了新文化运动中的几个代表人物的生平后，留下最深印象的还是胡适。

胡适在生前就被视为圣人。他果敢地追求自由，他梦想着有一天中国人也能大胆地发表自己的看法，不再惧怕所谓的权威，不再有所谓的弱肉强食。在人们眼中，他是伟大的"自由主义斗士"。胡适一生都为了民族的尊严，人类的幸福而焦思苦虑，他将自由的光芒照亮了中国大地，很多文人学者对胡适都持有一份敬意，只为他如圣人般的思想。

台大毕业的陈之蕃想要赴美留学，但是其中的经费成了阻碍他梦想的绊脚石，胡适知道后，立即将一张支票从美国寄回，圆了他的留学梦。待陈之蕃学业有成，有力偿还那张支票时，他将支票寄给了胡适。然而胡适回了一封信，信上胡适说自己借出的钱从不盼望收回，因为他知道自己借出的钱总是"一本万利"——永远会有利息留在人间的。陈之蕃收到信后颇为感动，也对胡适肃然起敬，他说："在这样一位圣者面前，我自然而然地感到自己的污浊。他借出的钱，从来不盼望收回，原因是永远有利息在人间……我每读此信时，并不落泪，而是想洗个澡。我感觉到自己的污浊，因为我从来没有过这样澄明的见解与这样广阔的胸襟。"可见胡适思想的高洁也影响了许多人。他一生朴实的文人作风也一样美名留世。

在胡适受聘到"中央研究院"做院长，研究院提出要为他修建宅子，他提出自己来承担所有的费用，并且一再声明自己的住宅是学者的私人住宅，而不是院长的宅子。他还随信说明如果不够费用他可以继续支付。他绝不动用别人的一分钱，坚持要用自己的积蓄来修建自己的宅子，这样的住宅才能让他住得舒适安心。

胡适的性格平易近人，照片上经常看得到他灿烂的笑容，作为一名学者，他温和的个性和激烈不饶恕的笔锋却也形成了鲜明的对比。在思想革命上，他绝不轻易让步，他希望以缓慢渐进的方式将自由民主，追求科学的思想深入人心。是他的坚持，为当时麻木的国民灌输进了新的活力，知道中国还有很多希望，不能再依靠求神拜佛来侥幸过日，要勇敢地站起，为了中国的未来而革命，让封建思想、权贵思想都在这个社会上消失。中国人是自由民主的！

胡适的出现，是伴着光明的，他积极地去追求自由，为中国的光明而不懈地努力着。他有首名诗："偶有几茎白发，心情微近中年，做了过河卒子，只能拼命向前。"

为了梦想，他一直前行着……

魏扬赟 集美中学 高二（8）班
指导老师 王晓辉

民国的那束光

"这是个'吃人'的社会"！在民国黑暗腐败的社会里，这句话仿若一束强光，划破黑暗，刺痛国人的眼！

这是鲁迅的觉醒，他开始呐喊，期望用他的声音唤醒世人：我们是炎黄子孙，是龙的传人，怎能容忍外国的"蛮夷"这样欺辱我们？他用锋锐的笔尖做刀枪，想唤醒中国，五千年历史的中国啊！这条盘旋于亚洲东部的巨龙，怎能容忍"东亚病夫"这种侮辱性的嘲笑？国民需要改变，中国需要改变！觉醒吧，国民！觉醒吧，中国！他的声音已经嘶哑，他的双手已经布满老茧，可他还要说，可他还要写！他是一束光，想要照亮整个中国！

新文化运动开始了，鲁迅的光芒更加显露。封建社会的腐朽落后，官场的污浊黑暗，还有那国民一点点被鸦片侵蚀的躯体和灵魂……这一切让人怎能容忍？改变吧！从打倒"孔家店"开始。那繁琐的文言文，那从春秋开始并不断加深加严的封建礼仪，那君王至高无上的独裁统治……一切需要颠覆！一切需要重来！一切，从《狂人日记》开始改变，随着这篇白话文小说的发表，中国开始进入白话文时代。这束光从鲁迅开始，光芒一点点耀眼，力量一点点壮大，我们想成功，我们会成功，我们要成功！呐喊传遍中国！

远渡日本学医，想用医术拯救国人脆弱得不堪一击的躯体，到头来却发现，国人脆弱的不仅是被鸦片腐蚀的躯体，更有那顽固不化的封建旧思想。弃医从文，是他这一生最无悔的选择。也许他的力量不够强大，但他要努力，他在努力！他看着随自己光芒的照耀而亮起的那片天空，露出久违的笑容。微笑过后又是笔尖上的革命，他用笔做手术刀，剖开民国病痛的外壳，一点点清洗肮脏的内部。他做了许多，看着自己丰硕的成果他很满意，但他还在努力。因为他知道，这还不够，他还要更努力，让这个社会从里到外焕然一新，让国人站起来，让整个中国站起来！让光芒更耀眼一些吧！中国，东方的巨人，崛起吧！

《阿Q正传》《孔乙己》《呐喊》《彷徨》《朝花夕拾》……或散文，或小说，抑或是文集，他的作品一篇又一篇出版，一次又一次再版，每一次都很快被抢购一空。这是他的光芒，他要让这光芒照亮全中国！

禁书又怎样，压制又怎样，封建的统治者啊，你能封得了一个两个人的嘴，又怎能禁止一批又一批人的思想，阻止一群又一群人的觉醒呢？他笑了，用嘲讽的目光看着官僚主义的走狗忙碌来忙碌去，笔尖依旧在白纸上游走，他在昏暗的灯光中仿佛看见整个中国都被他的光芒照亮，好像中国光明的未来正在向他招手，似乎世界已经开始敬佩中国……这，是他想要的；这，就足够了吧……

他，是一束光，照亮了整个中国！

魏小欣　　集美中学　高二（3）班
指导老师　张丽荣

生，当如夏花

——致康桥上的诗人

"我是那耀眼的瞬间，是划过天边的刹那火焰。我为你来看我不顾一切，惊鸿一般绚烂，夏花一样短暂……"

越了解徐志摩，越觉得朴树的歌声唱尽了他的一生。宛如荆棘鸟于黎明前的呐喊，我们的诗人，带着他的诗，独来独往于古今的诗坛之后，也为中国打开了通往新文学的康庄大道。

初知徐志摩，自是因为初中语文课本上的《再别康桥》。柔软得能捏出水来的黄昏，夕阳下的清泉，满载星辉的小船——西方文明的地平线，正是因为他，有了东方文明的倒影。如同夏花一样短暂的生命，从此变得丰盈而充实。读他的诗，旖旎的想象之中尽是东方人的罗曼蒂克。或许徐志摩是中国最早的"芒果人"——无论身处国外多久，无论从文艺复兴、启蒙运动之后的欧洲文明中汲取了多少，午夜梦回，抑或行吟河畔，都忘不了汉赋唐诗，古文运动。康桥终究留不住他，抵不过那片浸润着五千年文明的土地远跨亚欧大陆的呼唤。

即使是再短暂再绚烂的夏日之花，也是有根的，那根深扎在一片唤作"中国"的土地之中，由生至死，不离不弃。我想，这也是许多留学生学成后选择归来的原因。那么那些一心移民的，逢人便说自己是"非中国公民"的人，西方的月光中，有谁能同你千里共婵娟，又有哪片土地，能让你有俯下身去亲吻的渴望？

我们的诗人很早便告诉我们："唯有中国。"

都说"此处心安是吾乡"。有了生命的根本之后，徐志摩的诗，愈发飘逸美好。"你记得也好，最好你忘掉，这交汇时互放的光亮"。或许夏花的动人与惨烈正在于此，正如冰岛的魅力与恐怖都在于寒冬。不知有多少人惋惜这光亮的短暂。林徽因关于他的悼文写了又写，每一次都像同老友促膝长谈一般，仿佛我们的诗人从未离开。相对于空难，许多人，也包括我都更愿意相信他不过是以圣埃克苏佩里的方式，永恒地存在于那段时空之中，就像他的诗，孩童般炽烈地存在着。

徐志摩是拒绝平庸的，他的一生太过悲壮。然而对于我们而言，又有多少人未曾如此恣意的活过，未曾为心中的一个梦想用尽全力奔跑过，得过且过的念头正在慢慢吞噬着我们的理想。要相信，相信自己能够拥有夏花一般的生命，只需要一点一点地努力，终有一天，那朵梦想中的夏日之花，能静静的绽放于生命的道路上，告诉你："我曾走过，绚烂无比。"

诗人已经离我们而去，在他离开的几十年中，康桥依旧在哪里，榆阴变得更加茂密，被揉碎的点点星辰似乎在重复着诗人的善意提醒："如夏花般绚烂的生命，你，找到了吗？"

周智鹏　　集美中学　高三（1）班
指导老师　苏亚瑜

于浮华年代的追思

　　凌晨，天未亮，兰花未眠，秋菊已醒。几许寒意掠过，闲而静伫，恰恰思绪翩跹。

　　"也许我们只是时间的筹码，活了一世不过是为了那一世的岁月充当殉葬品"。锺书先生此言于我，如同清风拂山冈，虽令山冈添了几分灵动，但也不免有些凄凉。我于此地仰观星辰日月、春华秋实，似乎诸般景致为我而设，而我尽览良辰美景、春暖花开。但谁知道，在我之前于此地者，在我之后于此地者，包括我，也都不过是时间安置给天地的一个戏子、一个过客？人之一生，如河道上之水流，水尽道涸，但应会沉淀下些什么吧？"人生虽不快乐，但能乐观"，锺书先生如是说："灵魂可以自主——但也许是自欺。"即便是自欺，我也愿自主地自欺了罢。

　　恣肆通脱之行文，风趣睿智之笔触，博古通今之学识，囊括中西之气度，独步于文坛而潜心于学术者，钱钟书先生也。阔论锺书先生具惊世骇俗之才者，如浩瀚繁星，不胜枚举。是故前人之述备矣，何须多言？

　　然而，我开始认识并喜爱锺书先生却另有隐情。我自小便痴气旺盛，至今仍是。小时候总喜欢将布毯、被子之类裹于身上，然后幻想成武林高手自娱自乐。现在，有时想起某些自认为有情趣之事，会不由地念念有词；睡前若寂寥，便打坐一番；甚至于兴奋时会手舞足蹈，哀伤时会吟叹几声。旁人视之，或瞠目结舌，或捧腹而笑，余则以他人不知其乐，怡然自得即足矣。当我发现有位爱掉书袋的学究，竟也曾爱玩"石屋里的和尚"，功成名就之后却未摆出正襟危坐之态以示众人皆应敬仰我，反而童心未泯、时而痴狂，好感便油然而生："这老头儿，还蛮有趣的嘛！"于是乎，便自恋地以此为由与先生扯上点关系。

先生气节高。"文革"时，江青曾邀其会外宾，先生言其忙而拒之。又一次，有人说录一访谈有不少报酬，先生淡然一笑："我姓了一辈子'钱'，还会迷信钱吗？"有人欲设《钱锺书研究》，先生直呼："昆仑山快把我压死！大抵学问是荒江野老屋中二三素心人商量培养之事，朝市之显学必成俗学。"淡泊潜心者如此，其才高一世可怪也欤？今之学者多有得一瓢水而欲洒遍园林，略有小成而奢名扬四海。正如同城外之贩卒欲观城内之雅士而仅能管中窥豹，因其拘泥于浮华城内而不得出矣！先生若得以见此况，必然拍案大笑，而后哂之讽之。实乃悲也！

阳光已撕破云幕，外边也逐渐不平静了，嘈杂声漫天飞舞，停下笔才好。故冒昧化用先生《围城》中最后一句话以做结束："这个时间超前的年代无意中包含对人生的讽刺与感伤，深于一切语言、一切啼笑。"

张子恒

厦门大学附属科技中学　高一（10）班
指导教师　陈远

品味鲁迅

　　锋利的眉宇间透出一丝尖锐，正义的目光中闪烁着复兴的火苗。鲁迅，这个神圣的名字想必早已存在于每个中国人心中。当此时，海面上的风浪又开始剧烈地翻滚，我仿佛又看到心中那双永不疲倦的眼睛。心脏颤动的一瞬间，那些独特的感觉又重新占据心头。品味鲁迅的文字，我能感受到一股力量——就像"树人"这个名字所寄托于鲁迅身上的意义一般。

　　初次品味鲁迅，一股不言而喻的苦涩沉浮在舌尖。或许因为当时年幼，总感觉他的文字充满了晦涩与黑暗。当看到他说"中国大约太老了，社会上事无大小，都恶劣不堪，像一只黑色的染缸，无论加进甚么新东西去，都变成漆黑"；当看到他说出"以无赖的手段对付无赖"这等话时，我不禁思索，这真的是那个传说中伟大的文学家、思想家、革命家说出的话吗？以此品味鲁迅，我的脸正如吃苦瓜时的痛苦表情，充满了无数苦涩与疑惑。

　　种子迟早要长成大树，而树芽破土时挣扎的力气也是难以想象的。当了解了一些鲁迅的生平、他的家庭变故、他在看清世态后弃医从文，彷徨中拿起纸笔匆匆奔向思想疆场时，我似乎体会到了那种责任。初次品味的苦涩还残留于口中，一种奇特的力气促使我再次翻开了鲁迅的书。

　　辛辣扑面而来。抨击社会，抨击人心。犀利的笔锋刺开的是血肉模糊的人性。我疑惑着他的疑惑，"国人何以于旧状况中心平气和，于较新的机运就那么疾首蹙额，于已成之局那么委曲求全，于初兴之事就这么求全责备"；我愤慨着他的愤慨，"勇者愤怒，抽刃向更强者；怯者愤怒，却抽刃向更弱者"；我无奈着他的无奈，"多有只知责人不知反省的人的种族，祸哉祸哉"！从他的文字里，我感受到了旧时代中人性里的自私、狭隘、奴性、卑劣与保守。每当阅读之后，我总感觉我也成了一位疾恶如仇的作家，抨击这社会的种种。现在想来，好不感慨！

时至今日，抨击社会的文人学者也不在少数，最典型的，比如韩寒，可细细对比二人所求，总感觉鲁迅文章中多了一种什么味道，他自甘为一朵花去做腐草，也不愿独自绽开于高墙。他的文字不是冗长的无奈的哀怨，多的更是对于明日的憧憬。他说："希望是附丽于存在的，有存在，便有希望，有希望，便是光明。"这种似是而非的感觉直到读到"多有不自满的人的种族，永远前进，永远有希望"时，我才明白，这种味道叫做甘甜。或许他并不能拿着真枪实弹冲锋陷阵，可是深刻的思想却早已萌发于每个人心中，等待着破土的那一刻。我也将"愿中国青年都摆脱冷气，只是向上走，不必听自暴自弃者之流的话，能做事的做事，能发声的发声，有一分热发一分光，不必等候炬火"作为我的人生座右铭，努力向上。

品味鲁迅，我看到了一个治疗人心的医生的呐喊，看到炎黄子孙觉醒的曙光，看到了中华巨龙腾飞的光彩；品味鲁迅，虽不曾带给我温饱，却用苦涩教会我奋斗，用辛辣教会我爱国，用甘甜带给我希望！

第六中学　高一（2）班
指导老师　陈扬韵

石宇宸

黎明何时

　　有人说，鲁迅的书是有毒的。

　　"文字怎么会有毒呢"？我带着年少不谙世事的疑虑，翻开大师的文字寻找答案。终是承认，鲁迅的书真真切切有毒，并且是深入骨髓的鹤顶红——那样锐利的笔锋、那样不甘的愤懑、那样痛苦的灵魂，让我在畅快淋漓感同身受中不知不觉饮鸩了多年。

　　少小时我初读鲁迅，读到的是先生心中那个天真烂漫的绍兴小镇，雪地捕鸟、月下叉猹、看社戏、偷蚕豆……单一的城市生活从来没有这么多有趣的事儿，这让我不由得心生羡慕。随年纪渐长，我重读鲁迅，竟在他天真童趣的背后，隐约看见了当时岁月的黑暗和苦难。

　　在那个思想被禁锢、自由正沉睡的羸弱年代，岁月更迭，童年的玩伴会因地位的悬殊产生隔阂；代代相传，殷实的家境会因子孙的不力破败门庭；飞来横祸，家庭的重担会因突然的变故凌虐幼子；棠棣之花，兄弟彼此之间至深的亲情也会因自以为是的任性而愧疚一生。

　　鲁迅先生却用最平实的笔，在一片蒙昧中勾勒出平常人的善与淳朴，没有硝烟与纷争的童年小镇伫立在先生温情脉脉的回忆里，更像一种对昏聩年代的恻隐——也许，他是在用过往的欢愉，来悼念今日的荒凉。

　　我好奇他是什么时候开始有了这样的思考——当污浊的空气蒙蔽了愚昧者的良知、丑恶的嘴脸在耳旁煽风点火、恣意妄为的统治者仍恬不知耻粉饰太平，这个黎明前的夜晚，显得如此漫长。而就在所有人的迷茫和困顿中，鲁迅提起了手中的笔，点燃了先驱的火种，用毫不留情的语气嗤笑、抨击那些丢失的良知、沦丧的人性，用笔下更深的震撼，来唤醒所有还在沉睡的人们。

他的毒，终于开始发酵。

在这片新文学的思潮里，他直白凝练的文字使统治者害怕他笔下的真实，所有的丑陋和疮痍被不留情面地揭示，就像那些垂死的人对着残存生命的疯狂挣扎；爱国青年们因他的毒激起了沸腾的热血，从此如痴如醉，和他一起站在了抗争的锋线上。祖国一次次因内忧外患而惨遭蹂躏，志士一次次被威胁甚至牺牲，只是血雨腥风也难夺其志。

1819年的欧洲，凛冬突至，呼啸的西风却没有吹乱雪莱的希望之光，他在《西风颂》里这样写道："冬天来了，春天还会远吗？"1937年的中国，不屈的爱国青年们、抗争的爱国青年们是否也发出了同样的探问："经历过了漫漫长夜里他们不屈的抗争，那么最终黎明的曙光还会远吗？"

彼得拉克那首著名的十四行诗如此宣告："如果我过去生活在战斗和风暴里，那么也许能平静而安稳地死去。"历史也给出了鲁迅相同的答案，当这名斗士耗尽最后一丝余息平静而安稳地死去时，我们记住了他的斗争，他和那群与他有着共同理想的人们一起化身为苍穹之巅的熠熠星辰，照亮了那个混沌、荒芜的黑暗年代。

先驱者的光芒终将陨落，苍茫的中国大地，思想上的黎明却已悄然来临。

叶舒婷　外国语学校　高二（3）班
指导老师　甄亚歌

笔尖上的巨人

他，一张瘦削的脸庞却隐约透着刚强和坚毅；他，一双犀利的眼眸，好似要刺穿黑暗世界中的茫茫黑夜；他，历经沧桑却仍旧无畏的双手，挥洒出一片腐朽中的辉煌；他，就是鲁迅。

还曾记得，在中国饱受欺凌，国民的反抗精神已被麻木的时候，这位正义而勇敢的伟人，弃医从文，用犀利的笔锋揭露国民丑陋而麻木的灵魂，批判封建专制的统治，他敢恨、敢怒、敢骂，昂首挺胸谱写出一曲新的乐章。

一句"横眉冷对千夫指，俯首甘为孺子牛"，便把年少有志的青年聚集起来，跟随着他的呐喊，紧随着他的脚步，无所畏惧，秉承着真实永恒的信念踏上了正义之路。

从百草园到三味书屋，从日本回归中国，从长妈妈到闰土，鲁迅先生的笔下记载了他太多的欢声笑语。他不是神，也许，曾经他也迷茫过，也徘徊过，当背负着现实和社会的双重负担，他锐利的笔触，坚实的呼唤，赢得了国人的苏醒，他的精神，仅要一丝，足以弥漫整个民族。

如今的我们，却也早已远离了那个腥风血雨的年代，在迷雾般的社会中，他的倔强穿透了整个灵魂，他酣畅淋漓地落下沉重的现实，挥洒出那傲人的激流。他的刀刃不过是《狂人日记》《阿Q正传》《朝花夕拾》的著作，而他，却留下了几世辉煌。

鲁迅先生已离开我们很久很久，可他的精神却如屡屡芬芳遗留至今。他曾说过："没有灵魂的民族是可怜的，可悲的。"鲁迅先生逝世，在下葬之时，身上盖着一面旗帜，上镌"民族魂"三个大字，这是对他的最高肯定和评价。他曾给予了整个民族灵魂，他曾唤醒了整个民族的意志，这是民族自经丧乱后最深的渴望。

鲁迅先生说："如果一百年后还有人记得我，那么中国就没有进步。"可在这样一个浮躁喧哗、随波逐流的时代里，鲁迅，这个曾在历史长河中掀起波澜的名字，将在人们心中闪耀永远的光辉！

林昕頔　厦门外国语学校　高二（2）班
指导老师　王雪梅

社会的写实派画家

皑皑白雪掩盖了祥林嫂瘦骨嶙峋的躯体，她的消亡不会像那冬天里嘴里呵出来的白气一般悄悄飘散，不留痕迹。有一些铭心的内涵，本身就蕴含着经得起风雨的柔韧，不必依附躯体，也能长存于人心。好比鲁迅先生妙笔之下，云舫之上，故事之中蕴藏的精魂。

夜阑人静，落花一样的落雪纷纷扬扬，长眠于此，对于祥林嫂来说未必不是一种解脱，何苦苟活于世，忍看这人间正道破败不堪，忍受这世间晦暗阴冷？倘若，鲁四老爷一家，收留祥林嫂；倘若，她每每提起自己苦命的孩儿时，有人轻劝一声"逝者已逝"；倘若，她孤身一人在雪夜中前行，有人望见她被北风吹起的白发，伸出一只尚余温热的手，祥林嫂何至于疯疯癫癫，凄凉惨死？

鲁迅先生之所以伟大，是因为他挥笔而就的，不是悲秋伤时的自怨自艾，而是针砭入骨的世之弊端。这个社会需要的不是空洞的白描牡丹花，需要的是如兜头冷水一般的残酷写实画。

若鲁迅先生尚在人世，那么这幅写实画里，会有多少祥林嫂一样的人物？佛山小悦悦；榕城街头，在围观中冻死的古稀老人；山城大渡口，在镜头下溺死的青年……这种种的种种，应验了张爱玲那句话："生命是一袭华美的袍，爬满了虱子。"似乎还能听见语末那一声如烟的叹息，她是经历了什么，何至于将红尘滚滚下的千疮百孔看得如此通透。

鲁迅先生精心描下这写实画，用意不在于供人观赏，而在于警醒世人，这个世间，需要多一点的温热，即便是每个人掌心一点余温，亦足矣。生命不是玻璃窗上那一朵白色霜花，并不会受了热就化水消失，所以何必惮于奉献出一点温暖。周国平曾言："我们在大地上扎根，靠的是日常生活中的牵挂、责任和爱。"缺一不可，没有了爱，人类就会像浮萍一般，飞尘一样，缥缈不定。他亦说："我们每一个人都有责任给世界增添爱和善意。"

鲁迅先生一生都在为了拯救这个曾经麻木的民族而奔波操劳，以国之兴亡为己任，不论在绘出祥林嫂这幅名作时，他是痛心疾首的，抑或是同情惋惜的，他都是一个忧国忧民的大活人。在那样的时代里，有这样清醒的一个人存在，以唤醒民魂为己任，实为时代之大幸也。

如果鲁迅先生泉下有知，他的大作仍然还在被一代又一代的学子们研读，还在警醒着一代又一代的人，这个社会将会有越来越多的善人暖意，他是否会含笑而眠呢？如果鲁迅先生看到舍下自己尚在襁褓中的孩子，夫妻双双赴山区支教的夫妇；跨越海峡为麻风病人谋福利的女记者，他是否会含笑而眠呢？

鲁迅先生毕生的事业便是绘出这世上仍旧阴冷晦暗的角落、人心依旧沉睡不起的角落，祥林嫂如是，闰土如是，阿Q如是，他尽职地做一个社会的写实派画家，用锐利的眼去看那锣鼓喧天的繁闹之后的苍凉，用生命去交换比生命更长久更伟大的事业，他希望看到的是——有房舍的寻常巷陌，便会有人烟；有人烟的去处，便会有灯火；有灯火的一隅，便不再黑暗；不再黑暗的人间，人心便不再冷漠。

陈颖鑫　厦门一中　高三（17）班
指导教师　钟斌

品味季老作品　感悟至真性情

　　读了这么多年书，所看过的作品有限，影响颇深的就是季老的话："要说真话，不讲假话。假话全不讲，真话不全讲。"这句话影响了我的为人处世。

　　季羡林老先生的言行和著作深深地洗礼着我的心灵，每次阅读他的人与事，我得到不少感悟，体会到他的至真性情。读他的《赋得永久的悔》，感动他对母亲深刻的爱；看他在哥廷根大学的学习经历，体味他与恩师浓厚的情谊；品读他的《塔什干的男孩子》，感受他平易近人的性格和真诚待人的态度……季老用一生告诉我们什么样的人格是应该追求的，什么样的执著才可以为世界做出贡献。

　　季老的文字并不华丽，但读来却很容易让人产生情绪，甚至会有看到就想落泪的感觉，这也是我敬佩他的原因之一。"我这永久的悔就是，不该离开故乡，离开母亲"。读到他在《赋得永久的悔》里面的这句话，使我深有感触。母亲这个词在身处青春期的我们眼中是多么敏感的字眼！我们与她有摩擦，但我们是绝对无法离开她的。季老后悔离开母亲的情绪使我想到了自己的母亲，尽管现在她就在我的身边照顾着我，也许我的情绪及不上季老的那么强烈，但我知道她为我的生活的的确确是付出了非常多的精力，我们学习的精疲力竭她了解，她照顾家人的疲劳我们却未必知道。我想到了该承担责任的时候，我们必须把母亲放在一个首要位置，才不会造成自己"永久的悔"。

　　更让我将这位国学大师视为偶像的，是他与众不同的性格和人格魅力。若是季老没有如此人格，即使他拥有在国学方面极高的造诣，又怎会使得他去世时数不清的民众痛哭流涕地送行？我犹记得季老2009年7月去世的那天，通过新闻得知消息的我当即流下了眼泪，脑子里浮现的是一个身着朴素衣服的大师形象，而后得知众人送行的场面更是让我异常感动。记得他最著名的事例该是三辞国学大师名号的事情了吧，一个能通英文、德文、梵文、巴利文，能阅俄文、法文，精于吐火罗文的造诣颇高的学者，一个梵学、佛学、吐火罗文研究并举，中国文学、比较文学、文艺理论研究齐飞的大师级人物，却仍旧拥有着这样平和淡泊的品格，在我看来，他是拥有着对语言文字如烈酒般的热忱，却过着如淡茶般平淡人生的人。他是一位学者，更是一位大师。

"每个人都争取一个完满的人生。然而，自古及今，海内海外，一个百分之百完满的人生是没有的。所以我说，不完满才是人生"。这是季老留给我们的一句话。我想会有很多的人会将季老的一言一行作为自己为人处世的信条，这其中，当然也包括我。

陈雪榕　厦门一中　高三（15）班
指导教师　戴慧

以 先觉觉后觉

　　站在时光的此岸，评判历史人物的功过是非，我们才明了历史老人都是公平的，我们才顿悟先觉者总是超前的，而超前者总是孤寂的。

　　回眸新文化运动，多少风云人物发出的大吕之声振聋发聩，但有一个充满异调的声音却破空而出，回响在历史的上空。这就是抱着"为往圣继绝学，为万世开太平"理想的新儒家代表人物——梁漱溟所发出的声音。

　　在"五四"那样一个"激烈反传统"的新潮兴起的时代，所有的新文化健将都加入"反传统"的合唱中，唯独梁漱溟公开宣称，他到北大主要是为孔子和释迦牟尼打抱不平来的。他出版了《东西文化及其哲学》，在书中，他断言，中国的思想文化，是一种使生活更有意义更有价值的文化，其足以拯救西方人在功利竞争中所遭受的心理困扰与精神危机。因此，中国的思想文化必将成为西方文化未来发展的指归，必将于不久的将来复兴。当时反主流的悖逆之声，不是在21世纪一一验证了吗？现在国学兴起，海外孔子学院如雨后春笋般兴办起来。梁漱溟的预言不是实现了吗？

　　相信自己的眼光，独立运用理性判断事物，并且自由表达个体意见，这就是梁漱溟身上最宝贵的品质，也是我们现代社会每个公民所应培养的素质。这是我们每个公民的权力，发表己见——尤其是异见的权力。也许有人会认为这是很普通的权力，但在我们这个讲究大一统的国家，在思想同化的社会，这是很稀缺的元素。正如梁漱溟指出："中国文化最大之偏失，就在于个人永不被发现上。"敢于不群，敢于逆流，不为势所挟，在群沸合唱中发表独立理性，"冒天下之大不趑"这是多么难能可贵的精神啊，这是梁漱溟这个先知先觉者留给我们的精神财富。

梁漱溟的学习态度、做学问的态度以及他的人生态度都是值得我们这些后知后觉的人学习的。梁漱溟自己认为他不是学术中人，而是问题中人，对问题的思考和研究就形成了他的思想。他说："我本来无学问，只是有思想，而思想之来，实来自我的问题，来自我的认真，因为我能认真，乃会有人生问题，乃会有人生思想，人生哲学。""有问题，就要用心思，用心思，就有自己的主见，有主见，就从而有行动出来。"梁漱溟自称"是一个有思想，又且本着他的思想而行动的人"。他注重知行合一。1924 年，他辞去北大教职，到山东菏泽办高中，又创办了山东乡村建设研究院，自 1931 年起，梁漱溟落脚山东邹平，开始了长达七年的乡村建设活动。"我不是一个书生，不是一个单纯的思想家、理论家，我是一个实行家、实干家……我是一个要实践的人，是一个要拼命干的人。"他是以整个生命在作切实的践履，盈溢着济世拯民的热忱。

在这物欲横流的时代，当我们这些后来者只想着"名"和"利"时，当欲望成为唯一指路的信仰时，我们是不是该拿那些先知先觉者的镜子照一照？是不是该觉醒？在这个时代中仍坚守最真的信仰。

陈晓蓉　　华侨中学　高二（6）班
指导老师　潘鸿斌

根 对土地的情意

我曾无数次想过，为何我这般爱你？如今，我终于明白！因为这片土地的名字叫——中国！

——题记

雪落在中国的土地上，寒冷在封锁着中国呀……

"沙沙……"寂静的监牢里渗透出笔尖在纸上摩挲的声音，隐约的只有几缕顽强的光线突破重重的黑暗停驻在斑驳的墙面和泥泞的地板上。一个成年男子蜷缩在牢房的一角里，本是除湿的干草被垫在几张发黄的纸上，还掺杂了几块碎布。男子伸出皮包骨的手从平铺的干草上拿起了一张纸，又将手中写过字的纸轻放在草上，回身就着片块的光继续在纸上写着。

……

而我，是在写着给予这不公道的世界的咒语。

……

"嗒、嗒、嗒……""哐唧！！！"

"哎，里面的蒋正涵，你可以滚出来了，下次别再跟着搞什么革命，小心你的小命！"

成年男子从生锈的牢门内蹒跚地走出来，久不见光的眼被阳光刺得直泛泪花，瘦弱的身体却挺直着背，脏污的脸被稻草般的头发遮挡住了。双腿仍然蹒跚着，那双还算白净的手却紧紧将一沓边角略有些卷起的黄纸按在胸前。

他突然大笑："哈，我看见一个闪光的东西，它像太阳一样鼓舞我的心！"

一瞬间，他身上的光芒无与伦比，不同于如来慈善的佛光，不同于阿波罗耀眼的金光，而是踏着露水，借着最后一颗星的照引来自神秘东方的白日的先驱、光明的使者！

伟人之所以是伟人，就是因为遇到挫折后他们不低头、不放弃。艾青的一生波折起伏，三年的牢狱生活没有摧垮他的意志，两段不圆满的感情生活没有磨灭他生活的热情。但是，一生爱国、对国尽忠的艾青却在反右斗争中崩溃了！这正应了那句话："我最爱的人却伤我最深。"

"为什么我的眼里常含泪水，因为我对这土地爱得深沉！"艾青对这片土地的热爱，对这片土地的付出，都是史书无法记载的，都是文字无法阐释的。这是根对土地的情意啊！

在艾青的爱面前，无论我们喊多少遍"我爱中国"都是贻笑大方的。或许我们可以成为落叶，没有经过革命洗礼的我们是没有办法理解这片土地的神圣，没有办法感受中国对于爱国之人的意义。我们不能成为和土地紧密相连的根。

在温室里长大的我们不曾见识过"国将不国"的年代，不曾拥有腐烂在土地里的光荣感，哪怕连曾为国贡献的先驱们都知之甚少。不只艾青，不只鲁迅，不只……为这泱泱华夏大国奋斗努力的人都应该被我们铭记！他们的精神都应该被我们传承！

像艾青一样，继续根对土地的情意，我们对这土地爱得深沉！

余文扬 华侨中学　高二（3）班
指导教师　何丽红

品味经典　感受大师

——礼拜鲁迅先生和他的《狂人日记》

夜深了，我独自倚在窗边，任冷风打着窗棂，手里捧着鲁迅先生的《狂人日记》。这时天空出现了一颗明亮的星星，它像放在一块无边无际的蓝丝绒上的钻石，闪烁着灿灿的银辉，照亮了天际。

鲁迅先生是中国现代伟大的文学家、翻译家和新文学运动的奠基人。他是思想家和斗士，他一生都在战斗，用他特有和十分有效的武器——笔。他总是那样富有真知灼见，那样的敏锐，把中国社会及中国人几千年来的社会陋习一个个挑出，就像是抖落古时候老太太的臭裹脚一样。毫不留情地予以鞭挞；他还是个勇士，面对保守势力及黑暗统治力量不同方向的攻击，不屈不挠的斗争，至死方休；他人品高贵，从不趋炎附势，是那个落后和黑暗时代的"出污泥之荷花"。但对自己的祖国和家乡，又抱有真诚的热爱，对饱受帝国主义和国内反动派欺压，饱受封建礼教束缚的下层劳动人民充满同情，他的不少作品是关于这方面的，如《故乡》《祥林嫂》等。

"横眉冷对千夫指，俯首甘为孺子牛"，"吃的是草，挤出的奶"是他伟大情怀的真实写照，也是最打动我心灵的语言。

他的作品，时而直白，时而含蓄；时而辛辣，时而柔情；时而深刻，时而通俗；时而严肃，时而活泼。痛快淋漓地把他的揭示，他的批判，他的歌颂充分表达出来。

《狂人日记》就是典型的代表。它对人吃人的制度进行猛烈地揭露和抨击。

初次听到《狂人日记》很是不明白，狂人嘛，就是疯子，蓬头盖面，胡言乱语，神智错乱，一会儿哭一会儿笑。而写日记需要正常思维，怎么会有狂人日记呢？读了鲁迅先生的《狂人日记》，而且是囫囵吞枣地读了几遍，不明白，就请教人，再细读，终于对这部作品有了一些理解。

狂人者，并不疯也，实乃一个对社会固有陋习的挑战者，他不仅斗争，还大胆地质疑。他说："吃人的事，对么？……对么？……从来如此，便对么？"他大声地说出："古来时常吃人……，这历史没有年代，歪歪斜斜地每页上都写着'仁义道德'，……，满本都写着两个字'吃人'。"他告诫人们："要晓得将来容不得吃人的人活在世上；你们要不改，自己也将吃进。即使生的多，也会给真的人除尽。"他检讨自己："四千年来时时吃人的地方，今天才明白，我也在其中混了多年。"他对中国的未来充满了美好的期待："没有吃过人的孩子，或许还有？救救孩子……"

大凡一个社会总有长期积存的毛病或缺点，而且这些毛病和缺点也在该社会的民众身上或多或少地存在，只有不断地改正它们，社会才能进步，人民才能成熟。否则这些缺点会变成毒瘤并不断长大，从而蚕食社会肌体的健康，毒害人民，最终将毁掉整个社会和它的人民。

改正的前提是发现和警示，而芸芸众生往往对这些毛病和缺点见惯不惊，将其看做是社会的自然现象，不知不觉成了这些社会陋习的执行者和维护者。只有据有犀利眼光和过人勇气的人才能及时发现并勇敢地提出。他们是历史的明灯，是先贤，是大师。鲁迅先生就是这样一位大师，他总是用他敏锐的眼光发现中国几千年沿袭下来的制度、传统及文化中的弊端，发现中国人身上的缺点，进而毫不留情地予以批判，所以毛泽东主席说："鲁迅的骨头是最硬的，鲁迅的方向代表了中国新文学的方向。"

身处喧哗的尘世，内心怎容得下那锋利的匕首？看一看吧，虽然我们今天所处的时代和先生的那个时代不同了，但社会陋习还有，它会影响我们建设和谐的中国社会。我们作为中学生，作为祖国的未来，应该培养自己用智慧的眼睛去辨别社会陋习，摒弃世间的浮华，时时检讨自己是否不自觉的沾染了一些，更要有勇气同社会陋习战斗。

钟 文　同安一中　高三（1）班
　　　　　指导老师　高晓卿

蜇伏于长夜

或许鲁迅是为夜晚而活的，"惯于长夜过春时"，昏暗如此深广，以至于包卷了一切，只有那颗不安于沉寂的心跳动着，发出熠熠的光。他周身弥散的光泽，即使过了许多时光，依旧能感受得到。

相较于同时代的陈独秀、胡适诸人，他不太爱写那些理直气壮的文字，内心更为忧郁和苦楚，和长长的夜色搅和在一起，甚至充满了不确定性的恍惚。

他的文章只有黑白两色，明暗交织着，他习惯于黑黑的世界里发出奇异的光，晦明不已间，射出冲荡的气息。

似乎是性质使然，当一切知识分子热衷于党建之时，他却回避了政治，真正地走进了青年行列。那些游泳的青年似乎是他生命的延续，鲁迅将仅有的光给了托儿所的孩子，将一丝光泽罩在人的身上，将不灭的火种留给了他们。

我们深知，火总是烧香很慢，却是点燃了无尽煤矿，像"黎明西门关前游丝似的呐喊"终会将安恬的土地掀翻，唤醒沉睡于"铁房子"中麻木的国人。

且看他写阿Q，写孔乙己，写狂人，都凶猛得很，就像新加坡的鞭刑，凡遭遇之人都感到了切肤之痛。

于是，便可以想象，鲁迅的眸子应该似深的旧井，无光之黑，映着的始终是旧事现世，微末将来。燃着现今过往的悲辛与不甘，灼透纸张和维度，炙在观者眉间。

有时在面对各种诸如彭宇案的社会新闻时，总希望再多出几个鲁迅先生，即便他说自己并非"振臂一呼而应者云集的英雄"，但那一把把锋利的匕首，倘若刀刀都刺入社会的假恶丑，那世界会不会更春光明媚一些呢？

不过我也同样深知并非每个人都愿意甘愿沉默于黑暗中，却把光热留给他人。自己面临的却是荒漠下的炼狱，在压抑的黑暗外，不能听见永不停息的声音：那是黑暗中的嘶鸣，它叫出了喜出望外的惨烈以及鬼眼下的不安，于是你知道那个世界的混浊，死和生以及阴阳两界无言的言语。

某日读完《坟》，尔后仲夜从梦中惊醒，恐惧那个销蚀人心的虚影，从庞大暗色的时代楼层迤逦而来，昏暗中，似乎看不清我自己。

或许和鲁迅一样，只有刀笔方可平息，那是避开荆棘的刀斧，清出通向未来的前路。

的确，恐惧那个时代，可恐惧又有什么用呢？只能义无反顾地对着空茫大地，剑复鸣弓。我佩服鲁迅明知终不可久而依旧奋戈前往的勇气。如诗人雪莱扬言："他渴望抵达，却又仍然是要逃离那灰色的最终归宿。"

谨以《野草辞序》中的句子去缅怀那些长夜，或许你会望见周树人的灵魂在黑暗中卷过你的窗口，念叨着："我坦然，欣然，我将大笑，我将歌唱。"

纪冰亭　同安一中　高三（1）班
指导老师　高晓卿

旅途中的解剖者

野草，根本不深，花叶不美，然而吸取露，吸取水，吸取陈死人的血和肉，各各夺取它的生存……但我坦然，欣然。我将大笑，我将歌唱。

——鲁迅《野草题词》

黑夜中，你醒来，你张望。

你看到芸芸众生行进匆匆。没有阳光，辨不清方向，岁月迷失了东方。

你抓住其中一个过路人的臂膀。他回过头，你未出口的话就那样卡在喉咙里，生生地疼。因为那是一张没有表情的脸，麻木，呆滞，陌生。空洞的眼神令人发冷。

你站在原地看着他们面无表情地进行着黑夜中残忍的故事，残忍在他们看来却是习以为常的乐事。

你失望了，但不会绝望。拍打身上的尘土，手执利器，你坚定地走向预料中的东方——尽管那里仍是一片黑暗。我知道你将用脚步与利器来完成你的使命——旅途中的解剖者。

你解剖着社会上那些病态的灵魂。

阿Q兴高采烈地跑来，他刚被抽了一巴掌，此刻正想象着自己的胜利，沉浸在假想的优越感中。他高傲地盘起辫子，挺胸阔步地走，像个神气的小丑。

华老栓小心翼翼地从口袋里掏出省吃俭用辛勤得来的积蓄，满怀希望地把它交到刽子手手里，然后换回了那个浸满血的馒头。他紧紧地藏着那个发着恶臭的"生机"，脚步轻盈，体验着从未有过的快活。他要亲眼看着华小栓吃下它，从此便有数不尽的幸福。他这样想着。

你悲哀地看着他们，满怀痛楚地解剖着那些畸形的灵魂。在你的利器下，我看到了人性的筋骨脉络，发黑的血浸染着每个角落。他们麻木着，你疼痛着。我看着一切，清清楚楚明明白白。

行进着，你解剖着脚下的大地。

"我憎恶这以野草作为装饰的地面"，你如是说。这地面，便是充满腐朽味的封建社会。

祥林嫂唯唯诺诺地站在一旁，受着冷落与鄙视的目光。她的孩子剥豆子时被狼叼了去，她自己也成了人们茶余饭后的谈资。于是她的空洞麻木的眼神缩进了一道密不透风的墙，唯一还害怕的是死后灵魂遭受谴责不得安宁。

闰土蹦蹦跳跳地跑来，戴着灵巧的项圈；几十年后再见，却已是呆板老实恭敬的大汉。

你摇头，叹息，震撼。脚下的这方土地发着腐败的臭味，风沙与血色凝滞浸染了那些曾经鲜洁的灵魂，污染了曾经光亮的天空。天还没亮，浓郁的黑让人喘不过气来。你拿着利器，解剖大地。即使不是盘古那样的开天辟地，然而你搅动着大地的皮肉，搅动着鲜血，揭开了光鲜植被掩护下地底的丑陋，足矣！

行进着，你继续解剖着自己的灵魂。

黑暗中，你拷问自己。手中的利刺刺向自己的心脏。看清了别人，你更要看清自己。《孤独者》《伤逝》，你清醒地自省为着一个清晰的世界。

前进着，你朝着东方。你在解剖，你在唤醒。你撼动着每一个来去匆匆的行人的臂膀，你撼动了一大群人的心。你，撼动了岁月。

黎明时，你张望，东方泛起了鱼肚白。

洪江淳　　同安一中　高三（3）班
　　　　　　指导老师　苏承伟

沉默的对话

　　是谁把流年偷换，是荧幕的更迭，还是人生的悲欢。是谁流失了李煜钟声画楼里的一声玉笛，是谁离开了崔护去年今日的菱菱桃花，是谁见证了赤壁古战场的惊心动魄？历史也黯淡了刀光剑影，岁月终究会流逝，但时光终究会留下一些礼物。它会是彰显出许多值得铭记的文学大家，感动你我的心灵，震撼我们的灵魂。让我们在被偷换的时光里，与这些文学大师来一场心灵的对话。

　　沉默对话的开始便是郁达夫，他尖锐而又激情澎湃。他与我并未在现实中交流，可是通过它的文学作品我却感觉我走进了他的心灵。

　　开始认识他是在高一年级的课本《故都的秋》中，当时学完了那一课我就在想，是一颗怎样细腻而又破碎的心才会流泻出这么悲伤的文字。在《沉沦》中，他描写了一个忧郁而又病态的留日学生。以他的"弱国学生"的遭遇表达他的愤恨与渴望祖国强大的心愿。他以放浪形骸来反抗这封建腐败的社会。或许这是一种病态，却也是五四运动时期文学青年的共同心理追求。

　　我最喜欢的便是郁达夫对女性的尊重，在伤得无以复加的文字里，郁达夫不曾放弃对理想的追求，他心中总有一个诱惑，或许谈不上崇高，谈不上伟大，却是他文字的出口，那便是情感。他直白地表现了他的追逐，女性不再是过去几千年里会说话的工具，再也不是附庸，她们有了独立的人格，拥有了尊重。

　　郁达夫以他愤世嫉俗又感慨无限的笔调让我明白了人生际遇的步调，他沉默着，却让我记住了，青春是暗流是汹涌，它可以激情可以忧伤却不可以放纵，每个人的生命土壤都长过杂草，忍一忍，等待台风过境，就都过去了。

这一场对话，他沉默着，我聆听着，听出了一番关于人生关于生活的经历与教诲。

这场沉默对话的终结者便是鲁迅。他冷静而又睿智，他深邃而又犀利。他自然而然地用他的笔杆敲打着我的心灵。这是多么沉重的文字，多么深沉的一颗心，如果没有对生活的深刻阅历是难以写出这样的文字的。《阿Q正传》中的无厘头乐观与"愚民"在鲁迅讥刺笑骂的笔调中表现得淋漓尽致。于是我开始明白了，民族崛起的意义，开始思考热爱祖国的含义，开始成长，开始渴望祖国的强大。鲁迅年轻时三改其志，放弃了采矿可能带来财富，当医生可能带来的荣誉，毅然拿起笔当人民的作家。更是让我学会了冷静，学会了适时放弃，有时追求理想需要的不仅是勤奋与自信，更需要一颗冷静睿智的心。

这一场对话，鲁迅沉默着却言传身教，他的灵魂装上了扩音器。我明白了自己真正想要追求的是什么，闻见成功路上的花香，他的沉默让我看见了远方看见了希望，更坚定了信念。从此，面对困境不再害怕。

阅读大师作品，如同与大师进行一场对话，他沉默着，却用文字传达一种生活态度一种深刻教诲。于是，我在被偷换的时光里，抓住时间品味经典感受大师。

这样一次阅读，这样一次对话，蓬莱文章千古佳作你不再望而生厌，巍峨高山万里长城你不再望而却步，阡陌交通鸡犬相闻你不再嗤之以鼻。珍藏时光，用心阅读，为心灵献上一场沉默的旅行，无声胜有声。

温暖午后，我将开始下一场对话，下一站旅行是徐志摩，你们也准备好了吗？

陈雪琰　同安一中　高三（5）班
指导老师　郑太行

筚路蓝缕　以启山林

当辛亥革命在轰轰烈烈中沉沦，"尊孔复古"的逆流泛滥成灾，漂溺的真理鼓动民主思潮的滔天巨浪，于是，一次翻天覆地的新文学运动隆重登场，一批动地惊天的新文学巨人纷至沓来。

徐志摩山居翡冷翠的恬静自然依旧余味缭绕，茅盾在雷雨前的纵情嘶吼记忆犹新，佩弦与平伯月夜泛舟秦淮河之所见历历在目。任百花齐放，纵百家争鸣，同是新文学泰斗的巴金先生却在其自传中提到："我有英国老师狄更斯，我也有日本老师岛武郎，我的中国老师是鲁迅。"依我之所见，若论新文学运动筚路蓝缕以启山林者，鲁迅当属第一人。

在鲁迅先生那些"为改良人生"的小说、隽永深广的散文、幽默辛辣的杂文中，我独爱那株"根本不深，花叶不美，但他吸取露，吸取水，吸取死人的血和肉，个个夺取他的生存"的《野草》。在这个与旧社会的阴暗残暴大相径庭的科学经济时代，《野草》无疑成为了央视名主持白岩松所说的"与这个时代无关的、但作为一个人而读的书"。鲁迅在野草丛中化为一抹最寂寞、最虚空，彷徨在黑暗与光明之间，被黑夜吞并，因光明消失的影子。他告别那睡到不知到时候的朋友，拒绝黄金世界，独自远行，独自承受，义无反顾地牺牲自我，与现实做垂死的抗战。

当社会黑白颠倒、是非不分，阿谀谄媚与鼓吹逢迎赢得了更多鲜花和掌声，生活这把锉刀便更倾向于把人们打磨得八面玲珑起来。于是鲁迅便用《立论》短短几句对白一刀一刀刺向那些圆滑世故者的心脏，干脆利落，发人深省。如今太多太多金钱、名利的诱惑灭没了我们真实的心灵，高压、快节奏的生活与激烈的社会竞争令我们善良的人性销声匿迹。而真正厌恶追名逐利，有棱有角，不畏强权，与社会的种种丑恶抗争着能有几人？阿英称赞《野草》是一部"最典型，最深刻，人生的血书"。我游于漫漫野草，品味承载了大爱大憎、大悲大痛的经典，感受思想广远、文笔尖锐的大师，始知此赞句妙之至极。是的，作为新一代青年的我没有理由不对金钱名利视之以冷眼，整装待发，向社会痼弊发起挑战。

鲁迅先生的语言也许不似郭沫若的慷慨激愤，伤感少而愤怒多，以气盛见长；或许缺乏朱自清洗练清雅的辞藻与惨淡悲戚的氛围；更不是郁达夫那自弃自卑，最深切、最哀婉的一个受了伤的灵魂的叫喊。他的文章始终笼罩着一种阴沉暗淡的美，时而晦涩旷远，时而质朴凝练，无不引起读者强烈的共鸣，无不像烙铁一般深深烙上我们的灵魂。正如他在《两地书》里所说："我的作品，太黑暗了，因为我常常觉得'惟黑暗与虚无'乃是'实有'，却偏要向这些做绝望的抗战。"那些"为改良人生"的小说，深邃沉郁的散文诗，隽永广远的散文，幽默辛辣的杂文，或表露豪情，或剖析内心，或讽喻那"吃人"的社会，无不撼动每一位读者沉睡的爱国灵魂。

如此一位喷涌了满腔爱国热血的革命斗士！五卅惨案、女师大事件、三·一八惨案……当一连串血肉模糊的惊涛骇浪此起彼伏，鲁迅先生也饱受被无理罢职、被迫避难、秘密通缉、作品封杀等等腥风血雨对肉体与精神的折磨摧残。然他敢于直面惨淡的人生，正视淋漓的鲜血，从彷徨中突出重围，在迂腐、黑暗与残暴中呐喊，他提起沉重的笔杆，笔锋直指那些凶神恶煞的反动派与精神麻木的青年。对于愚昧无知的国民，他"哀其不幸，怒其不争"，对于张牙舞爪的军阀，他"生命不息，战斗不止"！

我眼中的鲁迅，有着"横眉冷对千夫指，俯首甘为孺子牛"的高尚灵魂，有着"寄意寒星荃不察，我以我血荐轩辕"的赤胆忠心。我眼中的鲁迅先生，俨然一位衣衫褴褛的老者，他驾着柴车披荆斩棘、开辟山林，在本没有路的文坛拓开了一条通贯古今的康庄大道。

卓斌斌　同安一中　高一（13）班　指导老师　陈婕

安世中的孤独者

岁月激起的层层浪花，湮灭了历史的尘埃，洗涤着时间的旧迹。而某个时代遗留下来的经典，能否顺着历史的潮流蓬勃发展？

答案却是令人痛心的！

2010年，鲁迅的很多数代人深谙的作品面临前所未有的窘况——研究小组的人员打算将《孔乙己》《药》等经典从语文教科书这一柜台上撤货。鲁迅，这位时代的大师，在经历几十年的沧桑后，被推上了风口浪尖，而他的"满纸辛酸泪"，最终不能为多数人所共勉。

于是，鲁迅成了横刀立马的孤独者。几十年前，众人皆醉其独醒，他使尽全身力气，用他的匕首艰难刻画精神的药方，企图拯救昏睡的国人。而今，在这个所谓"和谐"的安世中，鲁迅却仍旧孤独。

每每读到《药》，心里都会受到猛烈的冲击，如同亲临了一个嗜血的年代，仿佛看到了底层的贫民在声嘶力竭地哭喊挣扎。难道说《药》面临撤退的原因是人血馒头已经过时，还是不敢让祖国的花朵直面鲜血淋漓的人生？

如果《药》《孔乙己》这种悲剧故事被撤退，取而代之的是那种有着幸福完美结局的故事，那么新生代祖国的花朵面对的只是片面安乐的社会现状，某个时代历史的伤疤将会被渐渐隐去，而那种济世的情怀也会在时间的推移下被抹杀，我们便无法还原一个真实的历史。更令人喟叹的是，在功利的教育体制下，如果教科书不还原历史的真实，那课下会有多少人去领略真正的鲁迅精神？那种爱国济世的精神无疑会不知不觉地流失掉。

这不仅是鲁迅的伤痛，更是整个时代的悲哀！

鲁迅之所以"滚蛋"，是因为社会发展不再存在孔乙己、祥林嫂了吗？我看未必！真正的原因在于曾经被攻击、抨击的人们又一次复活了，鲁迅的存在，让他们感到恐惧和威胁。

我们不是仍可看到"开胸验肺"的底层人们的悲哀吗？这应该是鲁迅时代的残余，而我们需要的，也是鲁迅的济世精神。在鲁迅精神的教化下，就会有更多的人去关注社会底层的农民工，"开胸验肺"这种令人发指的事才不会再重演！

在这个新时代，我们需要重读鲁迅经典，我们需要鲁迅一样聪慧的明目，可以透析社会的每一个阶级，而不是一味对社会主义大加赞颂，而忽略了辛勤工作之后仍讨不到工资的农民工，对贪官腐败的现象视若无睹。我们需要的不是赞颂，不是麻药，而是对社会深刻的剖析，对真善美深刻的呼唤，是为国家为社会深切关注的责任心，我们仍需要鲁迅精神！

所以，我们应该重温鲁迅这个百年的孤独者遗留下来的文化瑰宝，而不是一味将其丑恶化。

当人们赶走鲁迅，迎来了"小沈阳"，在欢声笑语中忘却了社会的不公和苦难，在笑声中渐渐麻木、变傻，鲁迅沟壑纵横的脸上淌着老泪！

鲁迅的精华，悄悄地从指尖走了，不留痕迹。只有当鲁迅不再孤独，鲁迅精神真正渗透到人们的骨髓里，我们渴望的社会主义社会才能真正被构建。

林思颖　同安一中　高三（2）班
指导老师　高晓卿

品 郭沫若

你可以不爱那个时代，但你不能不爱上他，他的作品。

——题记

他并不是那么出众：戴着一大眼镜，穿着西装，有时候还身着和服。特别的是有张照片，他抿嘴微笑，沉着中还带着些许超然。他就是郭沫若。

印象里，总觉得郭沫若似乎活得太为渺小，他永远活在鲁迅的身后。人们只记得关于鲁迅的各种经历，总是把过多的目光集中在他身上而忽略了跟他一样的文学巨匠，例如郭沫若。很少人知道，郭沫若弃医从文，跟鲁迅一样放下手术刀拿起笔而奋斗。他还当过校长，中国科学技术大学的第一任校长。或许比其他人更为幸运的是，他并没有遭受迫害，而是流亡到日本，在那里生活并研究中国古代文化，出版的《甲骨文字研究》就是一个最好的说明。

而后来，岁月长了，便不觉得郭沫若活得多渺小多卑微。能在文字中游刃有余，用文字唤醒民族的人是伟大的；能为中国的教育事业为奉献自己的生命是伟大的；能在文字中带刺地抨击黑暗是伟大的。而郭沫若便是这样伟大的一个人。

读其作品，不必满腔热血，不必带着情绪阅读，也不必背负超越时代的使命感而阅读。你只需要用心阅读。

《天上的街市》里提着灯笼的星星，《雷电颂》里饱含激情的文字，《屈原》话剧里深入人心的人物形象，时刻嵌在我们的脑海中。《女神》中郭沫若的文字更是让人记忆深刻，革命性作品中有几分浪漫主义色彩。《女神》也因此成了郭沫若人生辉煌的一笔，一个转折点。《屈原》《高渐离》《南冠草》《孔雀胆》《虎符》等，成了郭沫若的佳作。人们将这些作品放置在二十世纪的大背景下阅读，同作者的心、作者的思想融合在一起，品味出了郭沫若文字里的各种情绪。有时候，我们对他的作品竟爱得如此深沉。

有时候，我们会想，对于一个作者，我们究竟是爱其人，爱他的作品，爱他的笔尖的文字，还是爱他的精神，爱他的灵魂？

就郭沫若而言，我爱他的是他笔下文字里透出的那股气慨，爱他的默默无闻。人们总是宁愿看见最亮的那一颗星，而忽视那些也在发亮的星星。当人们大张旗鼓地举办鲁迅作品的展览，关于鲁迅的活动层出不穷，却是很少耳闻几个活动是关于除了鲁迅以外的名人作家。当鲁迅成为时代的主流后，有谁还能回头看看那些默默无闻的作家呢？而我却喜欢郭沫若，毕竟因为他的灵魂和精神。

周恩来这样评价郭沫若："鲁迅自称是革命车前马卒，郭沫若就是革命队伍中的人；鲁迅是新文化运动的导师，郭沫若便是主将；鲁迅如果是竟没有道路开辟出来的先锋，郭沫若便带大家一道前进。"

不难看出，就连伟人领袖也对郭沫若如此敬佩。

我庆幸，庆幸郭沫若能好好地活着而写作，庆幸自己能阅读他的作品，将自己的心融入他的文字里，品读他的精神和灵魂。

有时候，我们竟不知道对他的爱如此深沉。感谢郭沫若，留下了时代的芬芳。

郭霜霜　翔安一中　高二（8）班
指导老师　陈怡

"老怪物"同他的"良民的信仰"

两千五百年的时光衔枚疾走，几代江山兴衰覆没，生灵涂炭。亡国之君李煜也只能慨叹"剪不断，理还乱"；爱国诗人屈原纵然怀石投江，却悲夫"风萧萧兮易水寒"。一百年前清朝政府将衰未衰，唯有你——辜鸿铭，在混乱中明哲保身，宠辱不惊，去无留意。

有人说你是封建思想根深蒂固的"老怪物"，必将遭受时代的唾弃和遗忘。诚然，你结实的辫子依然扬扬洒洒，那席青绿色的长袍马褂仍然能卷起春风。在"西学为用，中学为体"的热潮中，封建守旧的你却能让接受过西方先进文化陶冶的李大钊、胡适、鲁迅的新生代对你心服口服、顶礼膜拜；在崇尚科学与民主的北大校区，你却能让"老先生好""小姐，少爷们好"这样的开场白放肆的传扬；在西方国家的热土上你又能像一面象征着中国的旗帜被高高的颂扬，于是便有了"到北京可以不看三大殿，却不能不看辜鸿铭"的说法。我不禁满心疑惑，辜鸿铭先生究竟有着怎样的人格魅力呢？

抚卷于案，方觉辜鸿铭先生是一代哲学大师。

在《中国人的精神》里，他阐述了中华文明之所以屹立不倒的原因是中国人所具有的道德的力量，正是中国人的良民的信仰。而中国终不像西方需要战争、武器去征服人类无可抗拒的激情是因为中国的孩子从小就被教育"人之初，性本善"。他说："美国人博大、纯朴，但不深沉；英国人深沉，纯朴却不博大；德国人博大、深沉，而不纯朴；法国人没有德国人天然的深沉，不如美国人心胸博大和英国人的心地纯朴，却拥有了这三个民族所缺乏的灵敏。只有中国人具备了这四种优秀的特质。"

　　正当中国人遭受着八国联军的欺辱时，是辜鸿铭先生用自己的笔维护了中国文化的尊严，改变了西方对中国的偏见。他不同于鲁迅，锋芒毕露地批判吃人的礼教；亦不同李大钊，一往直前地宣扬马克思主义；也不像胡适，一味地主张新旧文学的改革。辜鸿铭是一位真正意义上的哲学大师，他有傲骨更有傲气，他偏颇地热爱着自己的国家和文化，深刻地体会着自己的民族的精神，并以此作为锐利的武器来反击西方的浅薄和轻蔑。然而多年以后的我们，也同样离不开他的引导，是他带领我们真正走进中国人丰富多彩的精神世界。

康 巧　内厝中学　高一（1）班
指导教师　沈奖材

忆古今，唤诗风

历史长河，美诗无数；诗风阵阵，带起浪涛。

——题记

从古至今，诗有无数。绝笔诗人，风华绝代，远有杜甫、李白、苏轼；近有郭沫若、徐志摩、戴望舒。在其笔下，诗意无数。

看，郭沫若那唯美的《天上的街市》，简单的星空，却有浩瀚之意，简单真情，让人明白世间百态。简单的话语，划分成段落，诗意上的附加，领域上的升华。看那激扬的文字，品那豪迈的情感。细心发现，美丽无限，一株小草，一颗星星，一个夜晚，一点一滴，一切的一切，呈现出那美丽的意境和那温馨的诗意。当你去发现，那一字，一句，一词之美，你就会发现生活当中点点滴滴的美。当你的眼睛学会发现美，那生活将会变得美好，哪怕在黑暗社会中，只要你努力去发现创造，晨光将会刺破乌云，抚慰大地。

想，徐志摩那离伤的《再别康桥》，"轻轻的我走了，正如我轻轻的来"。简单的景物，却有无数情感，情附于物，带起无限感怀。生活的徘徊，带入诗中以释怀，或许没有毛泽东的豪迈、冰心的童真，却有自己独特的风采。忆那康桥，寻那桥梦，"挥一挥衣袖，不带走一片云彩"。离别的领域，特有的诗句，以身入景，或强或弱，或显或隐，或明或暗。

品，戴望舒那浪漫美幻的《雨巷》，丁香空结雨中愁。从戴望舒诗中，品出那月神的美丽温柔，纯洁优雅，忆起那句"前望舒使先驱兮，后飞廉使奔属"。

那意象中唯美的丁香，如同过去美好的自我。拾起自我，如飘过的丁香，抓不住，已逝去，似那飘过的丁香，直到那美好的消失。是社会的余波冲散那丁香，还是自己的陨落。那美中凄凉，淡淡的冷漠，来自于生活。自己，就是那来时美、去时凄的丁香。过去的事物依旧怀念，说明了戴望舒对美好事物的向往。借丁香般的姑娘，写失去般的惆怅，这就是浪漫凄凉，辞色情调。

今有诗人许多，诗更无数。《诗经》《离骚》，各领其韵。夜，不再凄凉，晨光将至；世界，不再单调，新一代将到来。

"江山代有才人出，各领风骚数百年"。

林诗仪　　集美分校　初三（3）班
指导老师　柯月霞

永不熄灭的蜡烛

——读《汤姆叔叔的小屋》有感

　　书架上放着一本《汤姆叔叔的小屋》，醒目的绿色本在灯光的照耀下显得有些阴暗，给人一种阴森森的感觉。我拿着那久违的书轻轻地翻开一页，灰尘纷至沓来，久违的熟悉感笼罩在心头，涌出的是愤怒、无奈。

　　上帝确实没有照顾到朴实无华的汤姆叔叔，在善良的奴隶主希比尔先生无力还债时将汤姆叔叔贩卖给赫利，尽管他的生活苦不堪言，尽心尽力地服从主人，最后因为凯茜和爱弥琳的逃亡，他因为忠诚而被活活地鞭死。

　　他朴实无华吗？不，他是华丽而富裕的人。他的人华丽，他是善良、诚实、勤恳、乐于助人的爱的使者。他没有去争取自己的幸福，当伊莱扎逃脱枷锁去寻找自己的幸福时他选择了留下，选择了默默地付出、贡献。在纯洁如荷花的伊娃面前他是一位和蔼的叔叔，他把身上的父爱都给了伊娃。难道他不华丽吗？他的精神富裕。他任劳任怨，他乐观向上。多少个被关在小房子的夜晚中他咬着牙突破关口，多少个饥饿的夜晚中他要多少次说服自己忍受饥饿。难道他的精神不富裕吗？他是一位超脱浮尘给我们留下一个深思的空间，他是斯托夫人笔下一个独一无二的人物，他是一支永不熄灭的蜡烛，他的热情永远燃烧不完。

　　我不知道多数人怎么想，书中把汤姆叔叔刻画成一个永远不懂得反抗的人，像是被在心中注射下了奴隶永远没有自由的毒药。我认为他不是从来都没有思考过要逃亡，他肯定有一点点心动，想要和别人一样去追求自己的幸福。但是，别忘了，汤姆叔叔的幸福就是能在希比尔先生手下做事，他渴望得到平等的对待，他等着有一天希比尔先生可以把他赎回去，过上从前的幸福生活，这便是他的愿望。所以他绝不会逃走。

　　对于这本书，有很多的感慨，它像一把刀刺向了我们心里最深处的感知，使我们热泪盈眶，激起了心中最初的纯真善良，他代表的不仅是奴隶渴望自由，更是人类永恒的追求——博爱与民主。汤姆叔叔就是一支永不熄灭的蜡烛，使我们黑暗的心灵得到安慰，擦亮了我们的双眼，怀着一颗感激的心去乐观地看待生活。

张威威　集美中学　初二（2）班
指导老师　江艺华

肩扛着枪的巨人

"有的人活着，他已经死了，有的人死了，他还活着"。

有这么一个人，无论他生死与否，他都永远如巨人般屹立在我们的心中，指引着我们前进，他就是鲁迅先生。

他——是热爱自然的孩子，也是渴望理想境界的凡人。在黑暗无天日的社会中，他常常与自己五彩缤纷的童年做伴，《从百草园到三味书屋》《社戏》《少年闰土》……这一篇篇妙趣横生的文章，这一幅幅如梦如幻的画面仿佛就浮现在眼前：轻轻翻开断砖按斑蝥、慢慢爬上枝头摘桑葚、快快拉起绳子捕鸟儿、天天盼望着看社戏……呵！这是一位多么可爱的战士，多么富有童心的革命者啊！可惜，他也只能把这理想的天真埋藏在心中，因为还有更重要的事儿等着他去做。

他——不仅是和蔼可亲的尊长，还是忧国忧民的善者。别看他对待敌人刚正不阿、不苟言笑。其实他在生活中也是个风趣幽默的人，有一次他考侄女《水浒传》的故事和人物，侄女支支吾吾答不上来，他便摸着胡子笑着说："哈哈，还是我的记性好！"他这个老顽童也有热心肠，在一个寒冷的冬夜，他帮助一个黄包车夫包扎了流血不止的脚，又送给了他一些钱和药。

他——不仅是时代的巨人，而且是笔尖上的战士。

他曾怀着一颗炽热的爱国心东渡扶桑，潜心求学，盼望着哪天祖国不再是庸医横行霸道，人民叫苦连天的"病夫"模样。可现实又是何等的残酷，一次又一次地撕碎他那天真的理想。贪婪自大的日本人，打心眼儿里瞧不起他这样的"弱国子民"，解剖学考上了60分，就认为是藤野先生偏心泄露了考题，无凭无据，单靠长着一副"弱国子民"的面孔，就给他下了一张"低能儿"的诊断书，多么可笑！多么荒谬！可作为"东亚病夫"的学子，弱国的子民，又能做些什么呢？只有任人欺负罢了。

又有一次，他在电影场中，看到众多"体格强壮，精神麻木"的中国人竟神情漠然、若无其事地、甚至幸灾乐祸地看着一群同胞被日本人枪毙。鲁迅的心被深深触动了。这难道还是那个众志成城、同舟共济的炎黄子孙们吗？恐怕早已不是了，他们如今是被金钱所掌控的傀儡，被利益所蒙蔽的魔鬼，被黑暗所麻木的躯壳。他明白了"精神上的麻木比身体上的虚弱更加可怕"！这世界早已不再和平，一个民族要想不再任人宰割，就必须自立自强起来。

于是，他脱下身上的白大褂，毅然决然地拿起手中的笔，浓墨一挥，开始向那暗无天日的社会宣战。他把目光望向社会的最底层，呼唤那封建巨石下的同胞们：阿Q、孔乙己、祥林嫂、华老栓、单四嫂子，刻画出一个个真实鲜活的普通人的悲惨命运，他们本该得到人们的同情、关心、爱护，但人们给予他们的却是冷漠、嘲笑、甚至欺凌，这社会简直是地狱中的地狱。他带着"哀其不幸，怒其不争"的沉重心情写下了一篇篇感人的文章。他爱这个民族，更爱他的同胞们，他希望他们觉悟，希望他们能够自立、自主、自强，拥有做人的原则啊；他也痛斥那些立场不坚定的腐败者"做了人类想成仙，生在地上要上天"，他们是"现在的屠杀者"。嘴上说得天花乱坠，脑中依旧腐败虚伪，一切都是"利益！利益！"他就这样用一笔一画的刀尖慢慢地、慢慢地、毫不留情地剥开了那层看似华丽的外皮，让黑暗的一切活生生地站在了人们的面前，以此唤起人们心中的善良。

"横眉冷对千夫指，俯首甘为孺子牛"，这就是他一生的写照。他——一名无所畏惧的战士，一个天真无邪的孩童，一位平易近人的先生，一个永远活在我们心中的巨人！

余 庆　　集美中学　初二年（2）班
指导老师　江艺华

那一刻，我读懂了你

无论你是在满月的光华里沿着荷塘，背着手踱着悠闲的步伐，静静地赏一池青荷，还是在梅雨潭边为那一汪碧绿而感到惊诧，抑或是在寂静的阳光里感受时光逝去的匆匆，你无不完美地为我们展现了一个个如诗如画般的意境。

春风掠过，繁花盛开，一股生的气息扑面而来，在《春》的唯美画面里，我深切地触摸到你对生命的热爱，对充满活力的明天的追求。"春天像刚落地的娃娃，从头到脚都是新的，它生长着。春天像小姑娘，花枝招展的，笑着，走着。春天像健壮的青年，有铁一般的胳膊和腰脚，领着我们上前去"。你用一组生动的比喻告诉我春天就是机遇，春天就是希望，任何时候都要积极向前看，都要心存希望。这是一个奋发向上、朝气蓬勃的你。

当我流连于草木葳蕤的春光里，你却在叹息时光逝去的匆匆，流逝的光阴无可追回，只能空余感慨，"寄余命于寸阴"。"但不能平的，为什么偏要白白走这一遭啊"？你及时警醒了我把握分分秒秒。这是一个对已逝日子无限留恋，对生命无限爱惜的你。

当你彳亍在弯弯曲曲的荷塘小径上，静静欣赏那舞女裙般的荷叶和泻在那荷叶上淡淡的月光；当你用手抚摸着犹如十二三岁的小姑娘般的梅雨潭，追逐她那离合的神光，拥抱她那奇异的绿意。此时的你，成了一个寄情于山水的诗人了。

青布棉袍，黑布马褂的背影，那一颗颗金黄的橘子，还有那平实而又扣人心扉的感叹"唉，我不知何时才能与他相见"！在我眼前耳畔回放，你让我重识亲情，对亲情有了更深刻的理解。你对父亲的思念，就像你文章的语言一样朴实，但你对父亲深沉的爱，却是言语所表达不完的。你教会了我珍惜亲情。这时的你，又变成了一个思念父亲的游子，孝子了。

当你因饥饿而引发胃病，在病床上即将离去之时，念念不忘的是祖国的尊严，民族的荣辱，你告诉家人拒绝购买美国援助的面粉。这是何等的气节，何等的傲骨啊！这一刻，你俨然是一个铮铮铁骨的战士了！

如诗般完美的意境，是你毕生的追求。在你的笔下，梅雨潭醉人的绿、秦淮河的灯影波光、威尼斯的异国情调、扬州城的风流与古朴……无不洋溢着丝丝浪漫，缕缕温馨。不食嗟来之食，是你人生的真实写照，你用自己的生命，向世人诠释了中国文人独有的傲骨。

是的，在冷月的清辉下，在梅雨潭边，在秦淮河的灯影波光里，在拒领美援面粉的公开声明中，我读懂了你，一个世界文学史上的高标，一个不屈于权威主义、敢于和黑暗势力作斗争的勇士——朱自清！

李婧婷

集美中学　初三（5）班
指导老师　黄孝力

聆听朱自清

　　世上的美总有千千万万，而对应着的描述这些美的文章，则就数不胜数了。而在这如银河繁星一般的文字当中，一种深沉而清新的笔调突然让我眼前一亮——这便是朱自清的散文。如同蜜蜂被甜润的花朵吸引，我在朱自清的笔锋下，深深地沉醉了。

　　静静地阅读朱自清的散文，就仿佛置身于完美无瑕的世界。如在《歌声》中，光线晦暗的清晨，万物都蒙着黯淡，而园中的花草树木在他眼中却别有一番滋味。花朵收敛了阳光下的艳丽，大概是沉睡在了暮春的困倦气息中吧，是为了更好的绽放吗？仔细的品读，我好像漫步于那个湿润朦胧的花园里，世界在朱自清的笔下变了颜色。在不一样的世界中，我看到了他的慧眼，感受到了他对生活饱满的热情。

　　在《绿》中，他带我走进了恍若仙境的梅雨潭。跟随着他的笔触，我迫不及待地想要目睹那与众不同的瀑布，想要置身在意境磅礴的梅雨亭中，想要触摸那"飞花碎玉般乱溅着"的白梅似的水花。最让我醉心的莫过于梅雨潭那盈盈的绿，美得像含在天仙口中的一块碧玉。这绝美无二的景色，难道只有朱自清一人看到吗？不是的。只是只有朱自清能将这天堂般的美景描绘，润色，让我沉醉其中。

　　但他的笔下不只有醉人的美景，还有沉沉的哀思。在《背影》里，我看到了不一样的朱自清。他描写景物时优美得惊人的文字突然消隐，取而代之的是朴实无华的语句，可是字里行间却透出他对父亲浓浓的爱，无人可比。是啊，生活就是这么平淡而无光泽，可生活中的小爱大爱，不就是在这柴米油盐的日子中慢慢显露的吗？美景之余，乱世之外，还有一个老父亲，还有血浓于水的父子情。

　　轻轻地合上书，字字句句仍然在我脑海中游离，意蕴悠长。朱自清像一个温和恬淡的陈述者，将他对生活的见解和对世界的热爱融在语句中，娓娓道来。而我捧着书就如同与他面对面，聆听他的感悟，聆听他的想法。一字一句，字字珠玑，烙印在我的脑海里。忘不了《匆匆》的惆怅，忘不了《荷塘月色》的恬静美好，忘不了《背影》的朴实动人……

　　聆听朱自清，如同聆听世界，聆听不一样的世界。世界本喧嚣，你我本浮华。而在闹世之中，倏然一抹清新温和的色彩出现在眼前——这便是朱自清，这便是另外一个世界，一个别样的，遥不可及却美若仙境的世界。

集美中学 初三（9）班
杨元鑫
指导老师 李征红

四 至鲁迅

鲁迅作为"文学巨匠""民族魂""精神界之战士，思想界之权威"，他是站在沙漠上看飞沙走石，乐则大笑，悲则大叫，愤则大骂的，是"横眉冷对千夫指，俯首甘为孺子牛"的。作为一名明察秋毫的批判者，一名骨头是最硬的文学巨匠，一位温柔慈爱的父亲，一位可以共生死、共患难的挚友，这样的鲁迅，确实吸引着我，也吸引着一批批文人学子。

说他至高。鲁迅站在至高的批判者的角度，站在自己批判的立场上，用他高远的眼光，独特的见解，看见事情的正与反，坚持对的，批判错的。不断的批判，革新，继而创造。他参与启蒙主义，又批判启蒙主义的恶处；他坚持科学，又深思于科学崇拜的隐患；他忧虑于中国的封建主义，又批判西方文明的弊端，他担心"以寡治众"会变成"以众治寡"，对西方文明的弊端耿耿于怀。他作为主将、左翼的领袖或许不是最好的，但他作为一名批判者是最有力的。鲁迅说："以过去和现在的铁铸一般的事实来测将来，洞若观火！"他是一个对中国历史以及未来最明察秋毫的批判者，他的不苟同，是不论对任何人、任何事，都有不同的看法和立场，毒辣而细致入微，决不为死者说句软话，不为活人戴上面具。像"外国用火药制造子弹御敌，中国却用它做爆竹敬神；外国用罗盘针航海，中国却用它看风水；外国用鸦片治病，中国却拿来当饭吃"，"穷人总是要爬，往上爬，爬到富翁的地位。不但穷人，奴隶也是要爬的，有了爬得上的机会，连奴隶也会觉得自己是神仙，天下自然太平了"等等，鲁迅对国人劣根性深沉而又一针见血的评论，无一不透露着他的凛然正气和不愧不怍的骨气。

　　说他至近。一本《两地书》，"十年携手共艰危，以沫相濡亦可哀"，普通而又平凡的语言，琐碎而又浓情的生活点滴，处处流露着与许广平爱情的甜蜜。书中两人偶尔调侃而说的"傻瓜"，"冬天只穿件毛衣怎么够"这般的温馨，在我看来，这种"执子之手，与尔携老"的爱情是最令人羡慕而向往的。心中柔情款款的鲁迅也不免让人心生温热，让人觉得，原来他也只是一个平凡的人，也有这么温暖的一面。说鲁迅至近，还因为鲁迅一生中一件最幸福的事情是一个生命的到来——周海婴。周海婴的到来并不是那么顺利，许广平二十八个小时的阵痛，鲁迅二十八小时的焦虑，周海婴的到来伴随着鲁迅那句欣慰的话语："是男的，怪不得这么可恶！"之后鲁迅便大量去购买如何抚养孩子的书。一开始鲁迅完全按照一本书上说的，两个小时喂孩子一次奶。令鲁迅费解的是每本书里写的喂奶时间都不相同，五分钟，七分钟，这可真把这样一个文学巨匠给闹昏了头。偏偏周海婴这个调皮的孩子吃了两口便睡着了，一分钟也没有吃到，鲁迅便呆板地按着书上说的，叫醒孩子让他继续吃，周海婴便开始闹脾气哭泣不停。最令人哭笑不得的是，周海婴吃饱了以后憨憨地睡着了。可是不到两个小时又饿了，醒了。鲁迅一看时间，说还不到时间，不让孩子吃。周海婴便号啕大哭了很长时间。很难想象鲁迅也会有这么孩子气的一面，也很难想象鲁迅看见孩子大哭时是怎样的不知所措。作为父亲的鲁迅虽然有点呆愣，但是正是这样会闹出许多笑话的鲁迅，让人觉得更真实，更温情。

　　说他至真。鲁迅与瞿秋白这对　"文坛双璧"，四捕捕不灭友谊的火，捕不住友谊的脚步。"一捕"捕出一场对文化界的复杂斗争形势的痛快人心的讨论，"二捕"捕出一本巨作《萧伯纳在上海》，"四捕、五捕"捕的是来去匆匆却温情不变的友谊。而这"四捕"，鲁迅都毅然决然地留下了瞿秋白，一点不担忧自己的安危，一点不顾忌一旦被发现之后，自己将会变得多么凄惨不堪。他留下了瞿秋白，而且是热情满满、毫无顾忌地留下了。瞿秋白经常对一位同志说："我是在危难中去他家，他那种亲切与同志式的慰勉，临危不惧的精神，实在感人至深。"瞿秋白逝世时，鲁迅那一年中忍着自己身体状况不好，搁置自己手头的事情，全心全意着手编选两大卷瞿秋白的译文，题作《海上述林》，出版时分平装和精装本全部用重磅道林纸精印，配有插图。精装本用麻布做封面，字是金色，书脊是皮的。平装本是用天鹅绒做封面，同样用的是金字。这一切的一切的都鲁迅和瞿秋白友谊的见证。当然，与鲁迅的道义之交不止有瞿秋白，还有鲁迅口中"一个唯一的不但敢于随便谈笑，而且还敢于托办点私事的人"的柔石，既是学生也是战友的冯雪峰等等声气相投的革命伟人。鲁迅这种真性情，这些让人为之震撼的友谊，都能让人一而再再而三地咀嚼、品味。

说他至远。无非就是鲁迅在文学上，思想上巨大的影响力。他用自己心血和生命创作的一部部文学巨作，奠定了整个中华民族新文学的坚固基石。他无情地剖析自己，剖析社会，剖析整个国家，然后用自己的文学巨笔一字一字地记录下来。《阿Q正传》批判中国人的奴性，《孔乙己》批判科举考试、八股文，《纪念刘和珍君》批判国民党统治，《药》批判国民的愚昧无知，为革命家惋惜。鲁迅的每一个思想、每一部巨作都不断地侵略着过去人们的判断，也影响着现在甚至未来人们对政治、人性等的深刻反思和理解。鲁迅对国民性的批判是从《狂人日记》开始的，但是最令人震撼和深思的还是那篇《阿Q正传》，通过阿Q的形象、阿Q的精神胜利法，深深地挖掘了中国农民身上愚昧落后的"病态"，批判赵太爷父子这样上流社会权势者的堕落和腐败，批判假洋鬼子这样一个资产阶级民主思想和地主阶级封建思想的混血儿式的革命党人。是用喜剧的外套，包装一个悲剧性的故事。鲁迅的批判主义、自省意识，鲁迅提倡和坚持的清醒的现实主义精神，现代思想和鲁迅之间的碰撞、磨合，无一不体现着鲁迅对当代甚至未来的不可估计的巨大影响。鲁迅的文学、思想都是当下社会的一笔不可估摸的财富。

至高，至近，至真，至远，对现实中的社会持冷静观察的态度，对忠贞不渝的爱情认真守护，对自己儿子的温柔的爱，对毕生的革命战友鞠躬尽瘁，对现在乃至未来留下深刻的影响和帮助。毛泽东曾评价说："鲁迅是中国文化革命的主将，他不但是伟大的文学家，而且是伟大的思想家、革命家，鲁迅的骨头是最硬的，他没有丝毫的奴颜和媚骨，这是殖民地半殖民地人们最可贵的性格，鲁迅是在文化战线上的，代表全民族的大多数，向着敌人冲锋阵的最正确、最勇敢、最坚决、最真实。最热忱的空前的民族英雄。鲁迅的方向就是中华民族新文化的方向。"四至鲁迅，他是精神界的战士，思想界的权威，新文学的奠基人，思想革命的先驱者，他是永远的革命者，他是经历了辛亥革命以前直到现在的战士！

张维　集美中学　初三（4）班
指导教师　李丽

他的诗

他的思想不断灵活地跳跃着，不拘泥于时代的发展。你可以看见，在他的诗中，感情就像一匹脱缰的野马，肆无忌惮地驰骋着，给我们留下的，是无边无际的思考空间。他的诗仿佛身披神秘色彩羽纱，隐隐约约地瞥见它独一无二的姿态，你几乎从字里行间看不出一点雄壮与宏伟、远大的志向和蓝图，有的只是油然而生的美，纯净的自由。徐志摩的笔下只有单纯坚持的信念，此外全无。

他的诗，美

"记忆是相会的一种形式，忘记是自由的一种形式"。就像这句徐志摩写的话，他的词语没有天花乱坠的修饰，只有朴素的语言相融合，却凑成了富有深刻含义的句子。仔细地品读一字一句，渐渐地会发现它的美隐匿着。隐隐约约，好几次快要嚼出这里头的味道时，品读到的结果又却调皮地逃走了。这个美太深奥？不，是你没有全心全意地思考这其中的蕴意。当你读懂这其中的滋味时，恍然大悟地明白了你前所未有的世界概念。他的诗之所以如此的美，是因为他看到了平常人没有注意到的东西；他的诗之所以美中带意，是因为他丰富的阅历告诉了他什么是美。

他的诗，情意绵

"爱，得之，我幸。不得，我命，如此而已"。这句话正是徐志摩一生爱情波折的感触。简简单单的一句话，又说尽了多少痴情恋人的心声。柔和的情意、婉约的话语，如此细腻的语言仿佛不是一个男人所能勾画出来的，可是徐志摩却做到了，以他在爱情坎坷的经历的名义上，勾勒着世界上最奇妙的情愫。甜而不腻，这是他所写的情诗最大的特点；而不少诗中我们经常可以看出徐志摩在爱情道路上所遇到困难时写下的诗，虽说带有几分悲伤，但深深的情意却丝毫不减。这时的徐志摩就像下雨时的观雨人，看着阴沉的天，感受着忧愁的心，带着一份乐观的态度，面对前面的困难。

他的诗，自由

"我的世界太过安静，静得可以听见自己心跳的声音"。极少数诗人会像徐志摩一样用普通的文字阐述着自己微小的情绪，而且像他一样跳跃思维、转换空间不断写出深入人心的诗的人更是少之又少。他的作诗风格和世界观一样没有主导思想，后人称他为超阶级的"不含党派色彩的诗人"。他犹如一个画家，带着简单的原色，一路前行。有了灵感的冲击时，他巧妙地将颜色混合，描绘出他的所感所想。自由并不代表随意，他将每个细节的轮廓精雕细琢，不论是哪一个方面的描述，他都竭尽全力在纸上体现出最好的姿态。

尾声

他的眼眸中倒映出美的光芒，他的脸上刻下了爱情的印文，他的手中紧握自由的支票。他弛骋在诗坛中，留下了永不磨灭的光辉。

单天姣　　集美中学　初三（2）班
指导教师　李丽

有的人死了，但他还活着

他用笔写出琐碎中的深邃，用犀利的手法无情揭露封建制度的迫害；他用目光折射出社会的黑暗面，用劲道的语言刻写出守旧思想中人类的愚昧堕落；他用思想与现实呼唤着沉睡的民族精神，用冷静的心态和坚定的信念高举并挥动着新文化运动的大旗。他不说废话，敢恨敢骂；他无所畏惧，行得端做得正；他态度坚决，字字见血。这个人——就是鲁迅。

一声沉重而又撕心的《呐喊》掀起了迷茫中青年们的爱国热情，灯火一样地指明了奋进方向。举国上下震耳的呼声中，五四运动带着愚昧了五千年的人类觉醒时的咆哮冲击着中国，震撼着世界。弃医从文，他从客观冷峻的角度真实地描绘出病态社会的不幸的人们，没有矫揉造作，没有华丽辞藻，干净纯粹的语言就这么自然地刻画出陈腐传统观念下民众的穷苦生活：一篇《孔乙己》，从被打断了腿却仍为了一碗酒在风雪中爬行的令人悲哀寒心的身影中，揭示出科举制度的腐朽；一篇《阿Q正传》让我看到了当时人们的自欺欺人苟且偷生；一篇《故乡》让我看见作者对理想社会的期望。先生的文让我看见种种深层次的社会矛盾，先生的批判与否定让我对这个社会的认知与看法发生了翻天覆地的变化！

十年树木，百年树人。这——就是鲁迅。我的内心被震撼，看自己现在的生活，看胸前闪着红光的共青团团徽，看身边的一草一木，笔下的一挥一毫。一切的一切，是先生这样的人带领着无数爱国青年以笔为刀，用精神的觉醒与反抗换来的，是无数革命战士用鲜血冲刷而成的。当时苦难的生活，如今不经世事生活安逸的我，又怎能体会？面对祖国，面对先烈，我无以为报，只有默默对先生这样的人报以敬仰与感谢，只有静静珍惜和学习奋斗，成人后为社会尽绵薄之力。

看先生严肃庄重的外表、深刻思想的文章、强烈讽刺的艺术手法，我知道"心事浩茫连广宇，于无声处听惊雷"绝非玩笑话。鲁迅这个人，情愿化为野草等着敌人的火来烧；鲁迅这个人，始终在革命道路上呕心沥血，尽管也曾彷徨；鲁迅这个人，也有自己的情感，但在朝花夕拾的过程中，也不忘对比出过去与现在，以警醒世人。

他是活着为了多数人更好活的人，群众把他举得很高、很高。好像一声沉重的雷，鲁迅虽已逝去，可先生的文，先生的精神，先生的情怀已深入每个中国人的心！先生已死，但他还活着！

刘诗槐　　集美中学　初三（9）班
　　　　　　指导教师　李征红

正气朱自清

正气是什么？是昂首自立，洁身自好，不与世俗同流合污么？是铮铮铁骨，宁死不屈，舍生取义么？是飘逸洒脱，张扬个性，不谄媚权贵么？我想朱自清就是一个很好的答案。

翻开新文化运动的历史，无数文学家，诗人，民主战士的名字映入眼帘。朱自清在其中，也许不是最显眼的，但他却让人发自内心地敬佩。

朱自清，自清，自清，自己的生命永远是清澈的。朱自清是一个清贫的知识分子，普通得不能再普通，可以说是全国知识分子的典型。但令人敬佩他的正直和正气，在五四运动，一二九运动，三一八事件历次政治事件中，他不是游弋于文学之中不闻窗外事，他通过作品表达了对社会的担忧，《生命价格——七毛钱》《白种人——上帝的骄子》《执政府大屠杀记》，通过一部部作品，我们可以感受到他的一颗正义的心在跳动，一股正气的热血在沸腾。

"清"，他的散文也是这样。他的文章朴素缜密，清隽沉郁，语言洗练，文笔清丽，真情实感跃然纸上。文笔华美的《春》，父子情深的《背影》，感人至极的《给亡妇》，无不为中国现代散文增添了瑰丽的色彩。

朱自清不仅给后人留下了优秀的散文，更重要的是让我们感受到了一股正气，这是不管在当时还是当今社会都极其珍贵的。他以自己衰弱的生命为世人写下了最光辉的篇章，表现出中国进步知识分子最坚强的意志和崇高的灵魂，表现了我们民族的英雄气节——中国人自古就为人称道的骨气。当他遭受战乱，生活维艰，胃病严重，食物难以下肚的时候，断然拒领美国的面粉，宁可饿死也不愿屈辱地苟活下去。

回望古代，叔齐、伯夷两兄弟至死不食周粟，为后人所称道。他们做这个决定时已经知道之后的命运是死在首阳山下。朱自清又何尝不是？他在拒领面粉的协议上签字时，自己一定清楚这是一份生死状，但他仍大义凛然地选择了死。朱自清的字是佩弦，古人把弦佩在腰间，提醒自己准备好上战场。朱自清字佩弦正是为了提醒自己时刻准备为人民、为民族献身。毛泽东曾经在《别了，司徒雷登》一文中这样说道："朱自清一身重病，宁可饿死，不领美国的'救济粮'。唐朝的韩愈写过《伯夷颂》，那是颂错了。我们应当写朱自清颂，他表现了我们民族的英雄气概。"由此可见，朱自清在历史关头表现出的品质有多么可贵。

纵然固有一死，却死得轰轰烈烈，重于泰山，这是朱自清正义的选择，这个选择让他流芳千古，让朱自清这面民族旗帜在历史的长河中永远飘扬！

戴文岚　　厦门大学附属科技中学　初三（5）班
指导教师　黄秀虹

随她去流浪

"不要问我从那里来，我的故乡在远方，为什么流浪，流浪远方，流浪……"

她从小展露出了文学天赋，初中时便逃学去坟墓堆里读闲书，一度休学在家。青年时期去各国游学，在撒哈拉沙漠里结了婚，定居在一个美丽的小岛上。不料她挚爱的丈夫去世，沉重的打击让她差点放弃生命，坚强的她摆脱阴影，继续浪迹天涯。她就是台湾女作家三毛，乐观坚强，勇敢浪漫。

我喜欢在洒满阳光的午后，沏一杯清茶，翻开简洁而充满神秘感的封面，在墨香的围绕下品读她的书。她的文字很单纯，清新且充满诗意，幽默又贴近生活，笔调自然轻快，不经意间说着最在意的人和事，字里行间洋溢着对生活的乐观与感恩，更多的时候让我深有感触。她像一只蝶。儿时热爱文学却不被老师理解，在黑暗的茧中摸索着，她也曾绝望，也曾自闭，但她死死地守候着她那化蝶的梦想，终于走出孤独的内心，像蝴蝶一样绽放翅膀飞向高远的天空。她是一个流浪者，周游世界各国，不按常理出牌，放荡不羁，以率真乐观的微笑征服了所有人。流浪路上也许历经坎坷，但她带着她的笔和一颗单纯的心，在这坎坷的路上无畏地向前走。洋人的欺凌没有使她放弃回国，丈夫的死也没有让她从此失去生活的希望。她为爱她的人而活，为自己的喜好而活，容不得半点虚假，她没有抱怨的言语，孩子一般任性率真地流浪。虽然她的死仍是一个谜，但她的一生精彩得令人羡慕，她的文字是她留给我们最大的财富。

也许是深受她的影响，我开始更加留意身边的人和事，一树繁花，一米阳光，都能引起我对于生命的感叹；母亲的一个眼神，朋友的一句鼓励都能让我深深感触；从前毫不在意的事物，原来都是那么充满活力。躺在洒满阳光的草地上，任清风拂过脸庞，心灵飞过云端，乘风流浪。也许我现在不能像她一样四处游学流浪，但伴随着她的文字，不是也随她去了一趟撒哈拉，游了一次西班牙吗？带着她的精神发现生活中独特的美，在夜晚的灯光下将感触转变为文字，不也是历经了一次心灵的旅行吗？这样的流浪，虽足不出户，带给我的收获却很多很多。她教会我乐观坚强，教会我留心生活，教会我要跟着自己的心灵去流浪。

　　她流浪，为了梦中的橄榄树；我流浪，为了跟随她的文字快乐地流浪。

苏奕龙　　厦门大学附属科技中学　初三（6）班
指导教师　黄秀虹

学会珍惜

——读《悲惨世界》有感

世界上最珍贵的不是得不到和已失去，而是现在能把握的幸福。

——题记

轻轻翻阅着《悲惨世界》，书页翻过的声音很小、很清脆，却一次又一次地让我的心颤抖。特别是在我看到冉阿让一次次被人拒之门外，一次次被辱骂被撵出，甚至窜到狗窝，也被狗咬的时候，我仿佛看到人们那嫌弃又鄙夷的嘴脸，还有那牙齿间尚残留着各种污垢、毛发杂乱的野狗……看着，我试想着：如果那是我，我将会如何，我忍受得了那些苦痛吗？几次，我都鼻子一酸，泪窜出了眼。

是的，我的心在哭泣，在怒吼，在咆哮，难道苦役犯就不是人吗？为什么他就得受到这么多的冷眼和辱骂？难道原因就只是他为姐姐家中饥饿的孩子抢取了一块面包吗？看到这，我又联想到了"小悦悦"事件——公路上车来车往，一具纤弱的躯体躺在路中，车或绕路而行，人或无视走过……这便是人吗？我自问道。

或许我们该庆幸，至少我们不会为温饱而去抢劫，不会因为各种原因而受到天大的委屈，不会对"小悦悦"事件不感到丝毫悲愤……该庆幸有主教米里哀的出现。

是主教米里哀用爱心和宽容救赎了冉阿让堕落的灵魂，赋予了他第二次生命，赠予了他象征光明和希望的银烛台。因而有了后来的善良可敬的马德兰市长，马德兰市长是冉阿让破茧化蝶的一个开始，同时也引出了一位悲惨可怜的母亲——芳汀。她怀了男友的骨肉之后却被恶意遗弃，为了女儿的生活，只好忍下心把她寄养在酒馆老板德兰第夫妇的家里，自己到巴黎谋生并定时寄钱回去，但由于她有私生女的事被同事揭发，被赶出工厂，只好卖了首饰、长发，甚至肉体，不幸沦为一名妓女。幸好遇见冉阿让，托付了女儿的未来才安心的逝去。话说尽管她的女儿没像她想的过得很好，但在她身上我深深读懂了母爱这两个字的深刻含义！

或许是因为雨果高超的文学造诣，又或许我触景生情——在我读到芳汀的女儿玛赛特的片段时，我仿佛看到曾经的我——曾因为父母不和，母亲几次背起行囊要离去，我欲跟随却被叱回。之后我就常午夜梦回，梦到母亲离我而去的情景，因而泪湿了枕巾。从这可知玛赛特离母之悲痛，况且她还受着德兰第夫妇非人的欺压……这所有的一切都不是我们能想象得到，更不用说忍受得了的！庆幸后来冉阿让把她视如己出，使她忘却童年回忆，和青年马洛斯恋爱，有情人终成眷属。冉阿让也安然的逝去，这或许是一个美好的结局吧！

想着，我轻将书合上，擦拭去眼角的泪，有点儿意犹未尽，心中更多的是感慨——是的，《悲惨世界》这本书让我懂得要珍惜眼前的人和事，要珍惜如今这般美好的生活，要珍惜体内那颗会为书中人不幸遭遇而咆哮、哭泣的心，要珍惜现在能把握的幸福！

陈诗雨　十一中学生　初二（1）班
指导老师　吴青青

夏夜里的阅读

徐徐夏风吹来，拂起我耳边的发丝。夏天正用它热情又执著的歌喉吟诵着。在静谧的夏夜里，捧着一本《朱自清散文选集》阅读，仿佛能使灵魂慢慢沉淀。我与书中的魂一起相携，看着她如星般的双瞳，渐渐陶醉在迷茫夜色里……

情与景的交融

"正如一粒粒的明珠，又如碧天里的星星，又如刚出浴的美人……"

我默念着这句话，心中不由得联想起莲的"出淤泥而不染"。我微微地眯起眼，细细回味着这《荷塘月色》，感觉好像置身于这朦胧迷幻的美景中。在夜里那墨绿的湖上，有一抹素白，在月光的爱抚下，幽静地立足于湖面上。那素雅娴静的气质，好似下凡的广寒仙子。如翠绿裙裾一般的荷叶，更是为这位神秘仙子添上几分韵味。莲和她那美好品质一起，被深深镌刻在作者心中。

良辰美景！朱自清细腻的文笔令人痴醉。我想如此美景，足以让作者淡忘忧愁了吧？

"热闹是它们的，我什么也没有。"

朱自清在段末写下这么一句话，使我似乎看到朱自清在这荷塘月色下轻叹，他仍无法摆脱那一缕淡淡的哀愁。忧郁和喜悦交织，缭绕在作者心中。我可能还没有能力理解作者的心情，但我读懂了一点，忧愁与喜悦是相伴相随的。忧愁时便向往喜悦，喜悦时又被忧愁所牵掣。荷塘月色该是作者心中所向往的美景吧。

淡淡的哀愁与淡淡的喜悦相互缠绕，给幽美的月下荷塘披上朦胧的薄纱，清幽淡雅、神秘暧昧、静谧柔和，情与景在朱自清笔下完美融合。

背影之情

"我读到此处，在晶莹的泪光中，又看见那肥胖的、青布棉袍黑布马褂的背影"。

朱自清这篇脍炙人口的《背影》，我不是第一次读了，但每回我心中仍会为作者父亲的背影所牵动。

第一个背影，是父亲为给儿子买橘子而艰难地爬月台的背影；第二个背影，是父亲离去时，犹如电影场景那样慢慢淡出远去的背影；第三个背影，是作者在收到父亲的信之后，在泪光中浮现出的"青布棉袍黑布马褂的背影"，成为一个终生难忘的定格画面。

朱自清朴素的文字，将父亲的颓唐忧伤以及父爱的真挚，通过背影展现在读者面前。作者用清新的文笔勾勒出一幅淡淡的背影轮廓画，但在那背影后，蕴含的是浓浓的父子情。

我的心头涌上一种莫名的心绪，说不清是心酸还是惆怅。我不禁想起了自己的父亲。

父亲工作忙，每天披星戴月，很少能跟我和母亲吃上一顿饭。就算赶回来一趟，也很快会因公事奔赴而去。我理解父亲，父亲如此奔波辛劳，只是为了扛起这个家的重担。父亲每天离家的背影，是那么单薄却又那么高大，那个背影和作者笔下的背影一样，是有力量的。

思绪回转，我突然间了然作者在文章最后落泪时的心情，那是天下子女对父母寄托的深沉的思念啊！

夏夜的阅读是清新纯朴的，在惬意的习习夏风中，多少感情与心灵在脉脉地交流……

姚孟昕　十一中学　初二（2）班
指导老师　吴青青

品鲁迅

　　看完鲁迅的图片展，鲁迅的模样还在我脑中不断浮现着。他那犀利的眼神，仿佛是一只锐利的匕首，刺进敌人的胸膛。他那铮铮的傲骨，仿佛要以另一种姿态俯视着旧中国。我拜读过他的书，他的书中充满着对旧社会的愤恨、不满和对人民无法觉醒的失望。

　　他是一位勇士。他深沉地爱着这个国家，为了它，他毅然放弃了学医，提起笔和纸，踏上了"拯救国民"这条荆棘丛生的曲折道路。他"横眉冷对千夫指"，他讽刺着无数的"正人君子"，蔑视着那些所谓的"学者教授"，一心一意地寻找着救国之道。他"俯首甘为孺子牛"，他苦口婆心地教诲着人们必须要"走自己的路"并告诉他们勇于抗争，美好的光明就在前方。他犹如一株傲立于寒风中的梅花，让人赞叹他的骨气；有时他更像是一棵傲立悬崖的苍劲古树，虽处无限险峰，但仍傲然挺立。

　　他的这番作为应该归结于他骨子里的那种敢爱敢恨、善良、充满正义感的性格。时光如梭，一转眼，我们已经到了二十一世纪，反观自己，我们是否继承下了他的这些精神呢？

　　还记得那位最美的老师——张丽莉吗？她舍身搭救即将被车撞上的学生，且义无反顾。她用她的实际行动诠释了高尚的师德，她的行为让我们明白，只要人人心中都播下一颗善良、正义的种子，这个世界就会更加光明。

　　前些日子，吴斌在众人伤心的目光中去世，他是"最美司机"，他也是一位正义的化身。他行车时，被一块不知从何而来的铁块砸中腹部，当场肝脾破裂、肋骨骨折，肠子流出。可他为了车上的乘客，忍着剧痛坚持了 76 秒。在这 76 秒他做了什么呢？他强忍剧痛将车辆缓缓停下，拉上手刹、开启双闪灯，以一名职业驾驶员的高度敬业精神，完成一系列完整的安全停车措施。之后，他打开车门，疏散了旅客，完成了他光荣而神圣的职责。

在这和谐的社会里，我们应更加秉承鲁迅的正义、善良、勇敢，成为二十一世纪的新主人，为更加美好的明天添砖加瓦！

孙 淳　　槟榔中学　初一（2）班
指导教师　周峰

从读书开始

一颗露珠，能折射出太阳的明亮；一片湖水，能倒映出树林的淡影；一面透镜，能聚集起阳光的能量；一本好书，能透露出人性的光辉。

我爱看书，喜欢独自一人静坐于床，捧书细读，行云流水的文字，优美细腻的文章和炽热深沉的情感总是令我着迷。读它，品它，感它，是无限的趣味，是心灵的觉悟。若是晚上则更添情趣，一盏明亮柔和的灯，一本散发墨香的书，窗外零零星星的虫声。静下心来，仔细品尝，反复诵读，未尝不可；走进书中，耳畔寂静，心灵跃动，不亦乐乎？自古有人读书入神而忘寝食，想必，那是一种心灵的闲适，自得其乐呀！

古今中外，对"书"之取义各不相同，阅读目的自然也各不相同。有些人只是为"读书"，马马虎虎，散散漫漫，囫囵吞枣，一目十行。而我不赞同这种读法。既要读书，便要细心品尝。凡是名家的作品，越品尝越得其道理，陶冶身心，这便是我读书读得慢的原因。我喜欢书中纯净的唯美世界，更喜欢那静悄的精神家园。

我喜欢冰心的诗歌、散文。巴金说："我们喜欢冰心，跟着她爱星星，爱大海，我这个孤寂的孩子在她的作品里找到温暖，找到失去的母爱。"我喜欢《繁星》的深远，《春水》的宁静，《说几句爱海的孩子气的话》的真挚，《一日的春光》的纯洁。冰心敬爱她的母亲，敬爱她的父亲，爱星星，爱大海，爱自然，那份真挚、含蓄的情感感动人心，使我不禁为之落泪。那行云流水的文字，清丽别致的风韵如同一股清泉，滋润着我的心田。这，大概就是我所喜欢的精神家园了吧！

　　我喜欢朱自清的散文名篇。他的名篇脍炙人口，满贮诗意，优美细腻，可算得上是"中国现代散文"这座巍峨群山中的一座山峰了。然而，她的文章更有雅韵，含义深远，需要逐句琢磨。读着它，我的心灵仿佛到了一个更深远的境界。一处风景，在她的笔下变得气韵空灵，宛若仙境。音乐美，绘画美，动态美，构成了一个纯净的唯美世界。

　　我喜欢爱国志士们的肺腑之言。梁启超、陈独秀、闻一多、林觉民，有多少爱国志士为了祖国四处奔走，呕心沥血，甚至献出自己的生命！他们为了祖国，积极参与战斗，以纸笔为武器，以语言来抨击，来鼓舞中国人民的斗志，激起我们的爱国情怀，多少用心血浇铸而成的灿烂篇章，《少年中国说》《最后一次演讲》《偶像破坏论》《五四断想》《与妻书》……，语言铿锵有力，论述深刻，感情激昂，炽热深沉，气势磅礴，正义凛然，读之给人以极大的心灵震撼和鼓舞，让我们明白，身为一个中国人的使命！虽然现在我们已经过上了和平、安稳的生活，但我们仍不能忘记那段历史！

　　"少年智则国智，少年富则国富，少年强则国强，少年独立则国独立；少年自由则国自由，少年进步则国进步……美哉，我少年中国，与天不老！壮哉，我中国少年，与国无疆"！这段家喻户晓的文字告诉我们少年时要拼搏进取，勤奋读书，努力成才，因为我们就是祖国的未来。为祖国添一份力，让祖国越来越强大！那么，就让我们从读书开始吧！

张悦凌　　槟榔中学　初一（9）班
指导教师　林水珠

感受冰心　感悟生活

"深夜！请你容疲乏的我，放下笔来，和你有少时寂静的接触。"

喜欢上冰心便是从她的《繁星·春水》开始的，那时大致是我读三四年级的时候吧，虽不是读得很懂，可却很喜欢她柔和清丽的文字。再读时，感受于她在字里行间流露的真挚情感，感悟着她对生活的特别理解，已为她的爱心所折服。

她拥有一颗纯真、真诚的心。她说："有了爱，就有了一切。"

她赞颂母爱和亲情。她写道："母亲啊！天上的风雨来了，鸟儿躲到它的巢里，心中的风雨来了，我只躲到你的怀里。"深沉、细腻、情真意切，感人肺腑。反思自己总是抱怨父母对自己管太多，要求太多，总是觉得父母讲的"大道理"枯燥而无味，有理解他们的爱和关心吗？反问自己可知道世界上最爱你的人就是身边的亲人？可知道她们做的一切都是为你好？我现在才知道天塌下来，会为我撑着的人一定是父母；无论遭遇什么，默默在身后保护和鼓励我的人一定—是父母。是他们的爱，构筑了我没有风浪的世界。冰心对母爱和亲情透彻的感悟，给了我太多的感动，教会了我要珍惜身边的亲人，让我懂得了母爱如水，是上天赐给我最值得珍惜的礼物。

她赞颂童心。"万千的天使，要起来歌颂小孩子；小孩子！他细小的身躯里，含着伟大的灵魂"。她希望我们能够保持一颗永远真诚可爱的心，用善良对待世界，因为充满纯真童趣的世界才是最美的人间。童心，渐渐远去，在我身上亦然如此。想想年幼时看似幼稚的事儿，现在我还能做的出来么？我的烦恼渐渐增多，明明还是个愣头青，却喜欢装深沉，小小的脑袋还不算知道很多，却装满了大大小小的"秘密"。所谓的"童心",早已被遗忘。是冰心让我找回那被遗忘的童心,她仿佛时时刻刻都在告诉我,只要拥有童心,就能拥有真正的快乐。

她歌颂母爱,歌颂童心,歌颂亲情,歌颂大自然。不错,这是她创作的永恒主题。她有着一颗敏感而善良的心,这让她对这个世界有不同的看法,让她体会到父母的爱、童心的珍贵,让她的心中有了一个至善至美的世界。

她的感情真挚,她的语言典雅,她的一首首诗,都是一个个迸溅的火花。

感受冰心,感受她用温柔的笔调告诉我:"有了爱,就有了一切。"

陈佳昕　　大同中学　初二（9）班
指导老师　童元春

品味

　　黄昏，最后一缕阳光即将从墙角隐去。趴在桌子上，摊开一本《季羡林散文集》，在文字与亲情的丝丝融合中，感受经典的真诚质朴。

　　季羡林是我国著名的语言学家、翻译家、散文家，是享誉海内外的学术大师。不知从什么时候起，我开始时常捧着季羡林的作品，总觉得他的作品充满了感人肺腑的力量，引人共鸣和思考。

　　亲情是亘古以来永久的话题，母爱则是最包容博大的亲情之一，历久弥新，隽永悠长。母爱是无私的，不求任何回报的，就像温暖的太阳，她的存在就是为了无声地滋养万物，万物的生长也时刻离不开太阳的照耀，二者是相互依存的。在季羡林的散文中，我印象最深刻的《母与子》便讲述了两对母子的故事，其间的深情不禁令人动容，催人泪下。

　　记得第一次读这篇文章，我只是单纯地倾听作者对未能好好侍奉自己母亲久久不能释怀的伤痛，对另一位母亲的暗暗祝福，心随之沉静。可再次回味，我想起了在《永久的悔》这篇文章中，作者说过的一句话："我一生最大的悔，就是没能孝敬母亲。"这样一位大学者，取得了那么多成就，最终后悔的却是没能孝敬母亲。我被季羡林为母亲流下的泪惊醒了——从来没有感觉生命是如此的珍贵，也不知道漫不经心的时间就在我们的指缝中溜走将不再回来。过去的日子里我总感觉时间好漫长，现在才明白，生命之所以感觉漫长，那是因为你在虚掷光阴。其实生命本是一米阳光，只有把握住机会的人才能体会它的灿烂。现在，我已是一名初中生了，应该从小孝敬母亲，帮助母亲做一些力所能及的家务，哪怕只是帮她泡一杯热茶、拿一双拖鞋。何况我已经长大了，我不是以前的我了，不是那个只会在母亲怀里撒娇的孩子了，我必须趁后悔前，尽自己的力，孝敬母亲。

读罢掩卷，我想了很多。一股脑儿地将书放回书架上，我走出了房间，再回首看一眼，心头突然涌上一股酸涩，似乎有些惆怅、有些失落，又有些感伤。这也许就是经典作品独到的艺术魅力和艺术价值吧。

我相信，这些触动灵魂的优美文字，源自文学大师的心灵深处，定要好好回味，才会在我们的人生长河中如宝石般熠熠生辉。

陈雨岩 　莲花中学　初二（3）班
　　　　　指导教师　黄伟才

感谢陪我一路走来的《背影》

"他戴着黑布小帽，穿着黑布小马褂，深青布棉袍，蹒跚地走到铁道边，慢慢探身下去，尚不大难。可是他穿过铁道，要抓上那边月台，就不容易了。他用两手攀着上面，两脚再向上缩；他肥胖的身子向左微倾，显出努力的样子……"

夜深人静，恰是读书时。翻阅着朱自清散文，一尊雕像的背影浮现眼前。

慢慢看！那一篇篇至真至美的华章，一页页简单朴实的文字，《荷塘月色》《背影》《桨声灯影里的秦淮河》……让我如痴如醉。

还有，"朱自清"三个字，人名如其文，给人以性情的陶冶，人生的感悟。

慢慢品！在袅袅茶香中，读朱自清的散文，水是沸的，心是静的；还有一个温厚的背影陪我，我不寂寞。一人，一书，如进幽谷，浅酌慢品那优雅的《背影》。

茶罢，依然留下。心中已定：如果人生有百年，我愿将一生以书为伴。

慢慢酌！有一个词，专为爸爸而定，坚强；有一种情，只有大海可以代表，父爱；有一种感动，只为父亲而动容，胸怀。

我读《背影》，感慨天下的父亲不都是这样的吗？

我不禁想起了自己的父亲。小时候，他总是手把手地教我做园艺，我们用一些鹅卵石、雨花石之类的大石头、小砖瓦，配上草木，因地制宜引"山陌风情"入家园。这时，我是世界上最快乐的人！每每望着他辛苦劳作的身影，我总觉得他的身影好伟大好顽长。父亲以其身体力行给了我从小爱生活的好习惯。

慢慢悟！"洗手的时候，日子从水盆里过去；吃饭的时候，日子从饭碗里过去，默默时，便从凝然的双眼前过去……"人生的每个瞬间都不能重复，很多相聚都可能是仅有一次。它提醒我们，今生与父母长相守时，是一种幸福和快乐。

而今，我和父亲暂别远离，心中时时涌起无限思念，顿感今生无论是和谁成为亲人，和谁成为师生，和谁成为同学，都是一种缘分，一种值得倍加珍惜的缘。

慢慢行！"人……相互搀扶才淡定；爱……相互滋润才沁人心脾；路……相伴而行才风景独美"。读朱自清的散文，让我们找到回家的路，回归心灵家园，不用过冷漠自私的生活。让我们一起珍惜身边的亲人，珍惜一起走过的风风雨雨！

感谢你，陪我一路走来的《背影》！

徐博文　　莲花中学　初三（3）班
指导老师　李毅芬

梦回荷塘

荷塘四周长满了蓊蓊郁郁的树木，在柔亮的月光下，投出婆娑的影子。荷塘里荷叶田田，宛如纷扬的舞裙，又似铺天盖地的碧色波浪，直蔓延到天边。荷叶间亭亭立着几朵白莲，有骄傲地盛放着的，如同穿着碧绿舞裙的舞女清俊的面庞；亦有羞怯地菡萏着的，仿佛小姑娘不胜娇羞的一低首；一缕清风拂过，蕴着一股清淡的荷香，好似一捧轻纱，环绕在人身边；又似一缕香雾，萦绕在人的面前；更似一曲轻婉的乐音，直拂过人的心头……

面对如此美景，我心中的郁结仿佛消减了几分。思绪纷飞，我想到多少年前，亦有一人，曾在荷塘月色中漫步，在月色荷香的抚慰下，平复了苦闷的心情。

正如此想着，荷塘边走来一人，缓缓地踱着步子。我仔细一瞧，却正是朱自清先生！他只顾在荷塘边凝想着心事，一把瘦骨，在丰盈的荷和圆满月色的映衬下，愈发清瘦，却有着宁折不弯的傲然。他的眉头时而紧锁时而放松，眼睛里却饱含着明亮的光芒，脸上显出了坚毅的神色。

我蓦地记起，他患了严重的胃病，却在拒领美援面粉的文件上签字，他一直到临终前，还不忘嘱告家人不买配售面粉；在李公朴、闻一多相继被害身亡之时，他不顾个人安危，出席了各界的追悼大会，并报告闻一多的生平事迹，将生死置之度外。

何为风骨，当如是！何谓气节，当如是！他仿佛有着寒梅的铮铮傲骨，坚贞不屈；又有着荷一样清润的心，荷一样出淤泥而不染的气节。

月光无声地撒下银白的光辉，四周一片静默。他立在那荷塘边，身上披着清辉，仿佛就是一枝荷，一枝清傲的凛然的荷。

看着看着，我亦受到鼓舞，心中满涨起勇气——再大的苦痛再重的艰辛，也不过如此，没有什么能够击败一个真正坚韧而勇敢的灵魂！

忽然间，我跌入了一片黑暗，挣扎着醒来，却发现自己已在书桌前了。原来，这只是一场梦啊。虽是梦，却不虚幻，那一缕荷香仿佛还在鼻尖萦绕，就如那一股勇气，犹在我体内流转。

我拭去脸上已干的泪痕，望着桌上正摊开着的《朱自清散文选》，会心地笑了……

郭闽琦　　双十思明分校　初一（3）班
指导老师　谢长妙

唤醒麻木的国人

——谈围观

被誉为"民族魂"的鲁迅先生一生以笔为戈，奋笔疾书，战斗了一生。自从我看了《藤野先生》，不禁让我感慨万千。鲁迅先生为了让国人觉醒，以犀利的语言批评了"麻木的国人"，现当今仍有一些见死不救，得过且过，明哲保身，麻木围观的人，实在让人痛心。

鲁迅先生学的是医学，他本想通过行医将国人身体变的强壮。但他的梦想并没有维持多久就被严酷的现实粉碎了。在日本，作为一个弱国子民的鲁迅经常受到具有军国主义倾向的日本人高度歧视。在他们的眼里，凡是中国人都是"低能儿"。有一次，一场电影中，鲁迅看到众多的"体格强壮、神情麻木"的中国人，在淡然地围观被当做俄国侦探处死的同胞，他受到极大的打击，他认识到精神上的麻木比身体上的虚弱更可怕。从此拿起了笔。

鲁迅先生作品中，描写了许多劳苦大众。如阿Q、祥林嫂、孔乙己等，爱惜和同情这些最普通人的最普通的命运。这些生活在社会最低层的人，最需要周围人的同情和怜悯，关心和爱护。但在当时缺乏真爱的中国社会中，人们给予他们的却是侮辱和歧视、冷漠和冷酷。这所有的一切，都使人感到一股透骨的寒意。鲁迅先生对他们的态度是"哀其不幸，怒其不争"，他想以他的文章唤起人民的觉醒。

这不禁使我联想到当今社会常出现的情景。今天我在网上看到一则消息，就在昨天，一名年仅18岁的青年刘君洪，在重庆南坪汽车站勇擒扒窃其同事的扒手时，被歹徒一刀刺穿心、肺，他的同事唐廷科也被砍伤，在众目睽睽之下小偷跑掉了。唐廷科回过神来时，这位好青年刘君洪已倒在地上，左胸部鲜血喷涌而出，脸色迅速变得苍白已无法言语。唐廷科马上将刘君洪抱在怀里，试图将其抱到十米远的一诊所，但刘君洪整个身体已瘫软无力，唐廷洪一边将其挪动着，一边向几十个围观的群众求救，但无一人帮忙。直到五六分钟后，才出现一好心男子，协助唐廷科将刘君洪抱入诊所。诊所医生立即展开急救，透过长达二十厘米长的伤口，刘君洪跳动的心脏清晰可见！好青年刘君洪被送入医院半小时后不治身亡。据介绍，刘君洪是重庆工业学校的学生，事发前在重庆一公司实习。一位好青年在"神情麻木"的众人"围观"下就这样走了，真让人心痛。不仅如此，在电视上看到开车撞死环保工人，大家围观指指点点，没人报警，也没有人打120；在公交车上偷窃，人们看见了也不去制止。这些人不就是鲁迅先生所说的那些体格健壮"体格强壮，神情麻木"的人吗？

"少年强，则国强；少年雄于地球，则国雄于地球"。我们中学生应向鲁迅大师学习。也像大师一样，拿起笔呼吁民众不要做"体格强壮，神情麻木"的人；关注社会，关注民生，从现在做起，从我做起，从一件小事做起。我们中学生应尽我们最大努力去宣传文明，宣传和谐，敢于呼吁，敢于唤醒那些麻木的国人，让我们的人民更加文明，让我们的国家更加富强。

陈卉雯　双十中学思明分校　初一（5）班
指导老师　杨丽珍

香逸书海

每每烦闷之时，我总乐于捧上一本冰心奶奶的作品，细细品味，沉浸书中。那清新的文字泛着淡淡墨香，还有一种淡淡的幽香。

冰心奶奶曾在诗中说过："聪明人！要提防的是，忧郁时的文字，愉快时的言语。"冰心奶奶的文字冰清玉洁，反倒在不知不觉中影响了我"忧郁时的文字，愉快时的言语"。初读冰心奶奶的作品，我一下子就被吸引了——我还从未见过如此美的文字："轻风云淡的影里，风吹树梢——你要在那时创造你的人格。"正像忽尝到了清甜无比的水果一般，欣喜和兴奋在那一瞬间漾满了我心头！久而久之，我的笔尖也泛上了这种独特而又美好的韵味。

在冰心奶奶众多的作品中，我独乐于读她的散文。这种"凭印象将往事移在白纸上"的文体让我备感亲切，也让我第一次发现这种写法的妙处。在阅读的过程中，我仿佛觉得自己就正与冰心奶奶面对面地交谈着，我心中勾画出的冰心满怀母爱、童真，不服老，还热爱大自然，富有爱心；大海陶冶了她的性情，开阔了她的心胸；她慈祥和蔼，婉约典雅、轻灵隽丽，把孩子看做"最神圣的人"；她应该还始终保持着不断思想，永远进取，无私奉献的高尚品质；更重要的是，冰心奶奶一定拥有一颗"冷静的心"，"在任何环境里，都能建立了更深微的世界"。"夜中的雨，丝丝的织就了诗人的情绪"，这可都是我从她纯情、隽永略透露着讽刺的笔致中感受到的呢！

我常怀着一种敬仰的心情去仔细读冰心奶奶的书。那用甜柔笔墨勾画出的一幅又一幅细腻的美景使我百看不厌——朦胧的山，多姿的海，光洁的石，苍翠的树，游动的云，"诗人从他心中滴出快乐和忧愁的血，在不知不觉里已成了世界上同情的花"。一切都宁静祥和，有着雾一般的淡淡神秘感。"只是纸上纵横的字——纵横的字，那有词句呢？只重叠的墨迹里已留下当初凝想之痕了"！畅游其间，我总会仿佛身临其境，忘却四周的一切事物，"时间正翻着书页"。合上书，我会意犹未尽，念念不忘书中的情节，脑海中书里的某个画面仍清晰可见，久久不能忘怀……

　　这清香呵，自我第一次捧起冰心奶奶的作品时便久久缭绕在我周边，挥之不去。它绕在我心头一直陪伴着我，让我那么熟悉，那么亲切，那么温暖。也许这便是大师之作的独到之处了，它能让人在感受墨香的同时，享受心间漾着的淡淡幽香。

付锦钰

松柏中学　初二（7）班
指导老师　童庆根

离别就是开始的一种

——读《再别康桥》有感

"轻轻的我走了，正如我轻轻的来，我轻轻的招手，作别西天的云彩。"一首《再别康桥》，唱进了多少人的灵魂，又唱懂了多少感性的人，多少感受，冷暖自知。

徐志摩爱康桥，更爱自己的回忆。一首抒发热爱大自然的诗，却更像抒情诗，带有自我的感情色彩。与其说徐志摩爱自然，不如说这是徐志摩的眷恋，看似洒脱，实则惆怅。

"在康桥的柔波里，我甘心做一条水草。"

是荡漾的心情；是不可抑制的柔情；是无法言语的喜爱之情。文字如同行云流水般的徐志摩第一次不够洒脱，对康桥的寄托，有回忆所以才会如此深爱。康桥有太多思想牵扯着，真正的离别不会失落，徐志摩是在感叹，一生失去太多曾经与机会，就像这一别，再也找不回来。在意气风华时，不知疯狂一会，不让青春梦想留下遗憾。那棵茂盛的小树早已印上了时光的斑纹，摇摇曳曳，最终有年轮，失去了疯狂的资格，终有一日落叶归根，带着这一辈子无法挽留的遗憾。

徐志摩一生洒脱，怎么会被梦想的脚步束缚？他失去最初的信仰，却拥有了更多，不是名和利，是情感的丰富。"夕阳下的新娘"成了他生命中的一段情，最美的回忆是那夕阳西下姑娘娇红的脸颊。"天上虹"是遥不可及的梦想，当年少的浮躁被时光的棱角磨平后，又幻化成了一颗斑斓五彩的水晶，藏在心中，成了这辈子最宝贵的财富。经历多了，意乱情迷时与康桥一忆，又是那么耐人寻味，有沉默不舍，淡淡的，浓浓的，在康桥美景中散尽……

　　哀伤在今晚康桥，开始也在今晚康桥。

　　"悄悄的我走了，正如我悄悄的来，我挥一挥衣袖，不带走一片云彩"。

　　往事已成为一阵风。轻灵飘逸，温柔婉约，大气端庄，这依旧是康桥美景，不会因为过去而改变。潇洒不拘，意气风发，云淡风轻，新的徐志摩又来了。一次离别，一次伤痛，并非失去，离别就是开始的一种。

　　康桥在，美景在，回忆在，梦想在。

　　那么，热爱生活的徐志摩也一定在。

松柏中学　初二（5）班
指导老师　吴玉平

这世界需要童真

　　世间的诗人皆拥有童真，童真的种子早已种在诗人的笔下。其中，冰心就是一位中国的著名诗人代表。她用她的笔写下了诗集《繁星》《春水》，为我们描绘了一朵朵童真之花。

　　"万千的天使，要起来歌颂小孩子；他那细小的身躯里，含着伟大的灵魂"。

　　"细小的身躯里，含着伟大的灵魂"。在这首小诗里，冰心将童真体现得淋漓尽致。在诗人笔下，我们看到只有充满童真的灵魂才会伟大，只有充满纯真童趣的世界才是人间最美好的世界。

　　正是如此，美好的世界应该少一分猜疑，多一分童真；少一分冷漠，多一分温暖的爱。

　　我曾经亲眼看到一件事。一次，在路边看到有着经过风吹日晒的苍老面孔的可怜乞丐老者，正当我要将口袋中的一元施舍给他时，我旁边也要施舍一元的一位小女孩被她的母亲猛的拉走了，那人还对我翻了个白眼说："真傻。"小女孩被拉走，边走边不停地问："为什么不让我放？"那位母亲恶狠狠地说："他是坏人，他是骗子！"

　　我的心突然很无奈，难道大人一定要将小孩心中最后一点的天真和善良通通扼杀吗？人与人之间给点温暖给点关爱这么困难吗？大人们的猜疑在一天天的腐蚀儿童的心，在一天天的磨去儿童心中的温暖。让我们保持童真吧！只有童真能拯救这个缺少爱和温暖的世界。

　　正是如此，美国7岁的小女孩凯瑟琳因为在电视上看到关于疟疾的纪录片，不由得心生强烈的同情心，于是她开始不再吃零食，不再买芭比娃娃和故事书，就这样，她买到了第一顶蚊帐，并寄给"只要蚊帐协会"送给非洲的儿童。此后，她用一个平常人的力量，一个小女孩筹集了超过 6 万美元的善款，从疟疾的魔爪中拯救了近 2 万个小生命。她成为了一位名副其实的"爱心战士"。

一位小女孩都能有如此的心，如此的善良，难怪冰心会说："细小的身躯里，含着伟大的灵魂。"

的确，一个小女孩做到如此，那为什么我们不行？

也许正是因为我们心中的猜疑才让我们无法更好地帮助他人。我想，即使我们无法消除心中的顾虑，那就不要加重我们小孩子的猜疑，送出去一元十元，对我们来讲，没有区别，却让我们更多的保留童真和善良。

当我将那带着温暖的一元投入那被人们唾弃得破烂不堪的碗时，那位老者的脸上露出了一个真诚的微笑。

这世界上到底还有多少"童真"？就算知道也不多了吧，也许真要让那"有着伟大灵魂"的天使来驱赶这个世界的猜疑，保留那仅剩一点的天真和善良。

陈楚昕　同安一中　初三（7）班
指导老师　蔡碧月

攀满心灵的爬山虎

小时候，就喜欢倚着妈妈坐在阳台，看漫天飞舞的金光轻轻抚摸妈妈和我的额头，侧着头听妈妈忽而欢畅，忽而悠长的声音把手中的书浸润得有滋有味。

在妈妈柔缓的读书声中，我闻到了甜丝丝的花香，我看见小小的拇指姑娘正坐在花瓣上对我微笑；在妈妈俏皮的读书声里，我觉得阳光四溢，我听见伊索寓言里那小狐狸打败大老虎时的笑声……

妈妈抑扬顿挫的故事声在我心中播下了一颗希望的种子。从此，我的世界春暖花开，携手书飞上真、善、美的蓝天。

再大一些，就懂得漫步诗园，采一枝梅，让"天街小雨润如酥，草色遥看近却无"的春色飞进心房，为"举头望明月，低头思故乡"而轻叹，开始懂得崇拜"人生自古谁无死，留取丹心照汗青"的铁血丹心；还会在那"剪不断，理还乱"的雨丝里望着匆匆行人念道"清明时节雨纷纷，路上行人欲断魂"……

是的，诗中走出一位位才子，或惆怅望月或欣然赏景，他们与我的会面，让心灵抽出芽儿，长出情感的叶子，让我的心灵触摸到五彩缤纷的世界。

于是，就懂得为春日那新发的小芽儿悄悄感动；在月圆的日子思念在农村的爷爷奶奶。它给了我一颗善感的心。

而之后的一部部书就像是明亮耀眼的阳光直射心房，滋润着心底的小苗，茁壮成长，我记得罗曼·罗兰，三个灵魂在我脑海里竖起了永恒的灯塔，引领我的小船驶出茫茫浓雾，到达理想的港湾，我还想起鲁迅笔下的藤野先生……麻木不仁的围观者激起我的民族自尊心，那分明是在喊："崛起吧！让我们的双手撑起祖国的蓝天！"心潮一阵澎湃，在这里，我知道，我应该为祖国做些什么……

这是什么？闪闪发光的人性啊！它引领着我找到信仰。我也很喜欢读朱自清的散文集，因为它优美的语言，更因为它让我拥有在琐碎的生活中发现美好的眼睛。

读着《背影》，眼前出现了一位蹒跚的、深情的父亲，他使劲全力爬上月台，只为了一袋朱红的橘子，为了给儿子的爱……鼻子一酸，耳畔响起了妈妈不厌其烦的唠叨，眼前是爸爸生气却为我吹着头发的情景……我想，我会用心收藏，用自己的"寸草心"报答父母给我的"三春晖"。

我的心瞬间爬满了爬山虎，给我的心灵带来了整个春天。这是读书，它教会我用心回味人生。

洪雅娟　马巷中学　初三（10）班
指导老师　方清华

野菊的光芒

黎明前夕，卷起冰凉残风。而我独自在黑暗中寻找光明，寂寞跋涉，漫漫长夜。

继续探足，恍然间投射出一道柔和而又不失刚气的光。定睛一看，是几簇野菊，像向日葵般绽放着笑容。一道纤黄的光芒形成一人影。你头戴一斗笠，肩荷一锄头，粗布麻衣，吟唱着"晨兴理荒秽，戴月荷锄归"。语气如此平淡、祥和、自由。

好一个"晨兴理荒秽，戴月荷锄归"。清晨，披着薄雾事农桑，夜里踏着月光满怀惬意地回家。这种充实的生活怎是高官厚禄能及？世人都生活在"暖风熏人"的黑暗官场，言不由衷，几人能像你这般潇洒、恬静？忆那时，你是孤独的，被束缚的，痛苦的。你也曾寒窗苦读，考取功名，想为主尽力，为民尽心，怎奈君主昏庸，谗言取胜。于是，你毅然脱下官袍，两袖清风地走了。你不为区区五斗米弯下挺直的脊梁，抛弃了名利、荣华、地位，选择了以柳为宅，以菊为伴，南山为友的生活。好个五柳先生！这样淡泊宁静的生活才是你想要的。

你好比庄子，拒绝了权势，抛弃了名利，留一身清白。从此，你的步伐沉稳有力，你的衣襟平淡致远，你的胸怀睿智深远，你的诗文清新养眼。好个陶潜！你成为了田园诗的鼻祖！你的诗文成为了经典！

在这个深秋的季节，黄菊早已在山里的每个角落。南山脚下，简陋的居室飘出淡淡的酒香，这是你的桃花源，山鸡鸣和，你与平凡的农民对酒当歌，眉宇间透露出平和，嘴角洋溢着坦然的笑。好个陶渊明！你是个会享受自然的大师。

笨拙地拿着大麻针，津津乐道地补着那薄如蝉翼旧得发黄的破衣裳。环堵萧然，箪瓢屡空的日子总比黑暗的官场来得自由！好个陶渊明！你是个能苦中寻乐的大师。

拖着破草鞋，你欣赏着"明月松间照，清泉石上流"，跨着一草篮，你掬水而饮，让菊的清香萦绕心间。妙哉，生活的禅意已潜入你的骨髓。

多年以后，你变成一抔黄土，可野菊仍生生不息地繁衍，那万丈光芒即使过了千年也不减一丝一毫，反而经时间的淘洗显得更加璀璨，那经典的诗文已成光芒，就这么映照我冰冷的心房。

品味着你的经典诗文，感受着你的精、气、神，我顿悟，物欲横流的今天，我不能因物质的追求而患得患失，作茧自缚，不按自己的意愿生活。

我心中的黎明已到来，心房开满如向日葵的野菊，自由、活力……

彭雅莹　　彭厝学校　初三（1）班
　　　　　　指导老师　刘友义

心中的他

有这么一个人，他是文化战线上，代表全民族的大多数，向着敌人冲锋陷阵的最正确、最勇敢、最坚决、最忠实、最热忱的空前的民族英雄。

是的，是他，就是他——鲁迅先生。他是中国著名的文学家、思想家、评论家、革命家。他是中国文化革命的主将；他是那个弃医从文的民族英雄！

有些人的一生，是碌碌无闻的；有些人的一生，是振奋人心的。鲁迅先生一生写作，《呐喊》《彷徨》《狂人日记》等，哪一篇不是深入人心？

孔乙己，相信大家并不陌生，是的，他是鲁迅先生笔下一个被封建社会科举制度毒害的读书人。

鲁迅先生通过对孔乙己悲惨一生的描写，一方面反映了封建文化和封建教育对下层知识分子的严重毒害，有力地控诉了科举制度的罪恶，另一方面也真实地反映了当时一般群众的冷漠麻木、思想昏聩的精神状态，为我们展示了一个封建社会的世态炎凉，让我们认识到封建社会的腐朽与黑暗。

鲁迅先生是一个敢作敢为的人，曾有人说这是一种冲动、一种鲁莽。可是当今社会缺少的不就是这种敢作敢为吗？

先生笔下的人物形象栩栩如生。通过肖像描写揭示孔乙己的不幸遭遇："青白脸色，皱纹间时常夹些伤痕；一部乱蓬蓬的白花胡子。"精练的语句活画出了一个穷困不得志、又经常挨打的老书生形象。可以看出鲁迅先生的心思细腻。

鲁迅先生是位充满热血和激情的人，亦是位对童年有着无限怀念的人。

《朝花夕拾》是鲁迅先生所写的唯一一部回忆散文集。里面的文章都是"从记忆中抄出来的"的"回忆本"。《朝花夕拾》中写了许多关乎少年儿童的事，兴味盎然。每一篇文章都展现了当时的世态人情、民俗文化，深深地流露出鲁迅对社会的深刻观察和对家人师友的真挚感情。

鲁迅先生是疾恶如仇、又满怀柔情的铮铮英雄。鲁迅先生的逝世是中国的损失。是的，一颗明星就这样陨落了；是的，这世界上就少了一位与黑暗做斗争的英雄了！

在鲁迅先生的身上，我学到了他的爱国主义精神。"横眉冷对千夫指，俯首甘为孺子牛"。以国家、以人民为中心，为了国家和人民而战斗，这是多么伟大的行为啊！我要向鲁迅先生致敬！

在鲁迅先生身上，我学到了他的"韧"。何为韧？就是百折不挠，就是锲而不舍。生活中没有一帆风顺，挫折、失败和牺牲是难以避免的。我们时常因为遇到一点困难就半途而废，这好吗？为何我们不向鲁迅先生学习呢？为了目标，我们应坚持，即使艰难，也还要做；愈艰难，就愈要做！

在鲁迅先生身上，我还学到了他的博大胸怀和开阔的视野。助人为乐是中华民族的美德，在鲁迅先生身上我看到了。斤斤计较是现在很多人都有的坏习惯，为何我们不向鲁迅先生学习呢？开阔视野，多一分宽容，多一份爱。

郑振铎说："鲁迅先生的死，不仅使中国失去了一个青年的最勇敢的领导者，也使我们失去了一个最真挚最热忱的朋友。"鲁迅先生真的死了吗？不，不是的，鲁迅先生的精神在发芽滋长，传散到大众人民的心里！

郁达夫在《怀鲁迅》中说："没有伟大人物出现的民族，是世界上最可怜的生物之群；虽有了伟大的人物，而不知拥护、爱戴、崇拜的国家，是没有希望的奴隶之邦。"是的，世人们给予鲁迅先生的高度评价，是在提醒我们向鲁迅先生学习，向鲁迅先生致敬！

鲁迅先生的精神不死，鲁迅先生永远存在于我们心中，哪怕是一百年，一千年，我们都依然记得这位英雄——鲁迅先生。

谢诗雨　　诗坂中学　初一（4）班
指导教师　蔡远丽

好好珍惜时间

　　古人曾说过："少壮不努力，老大徒伤悲。"列宁也说过："赢得了时间，就是赢得了一切。"朱自清的散文《匆匆》也告诉了我们时光如流水，稍纵即逝的道理。

　　我非常喜欢朱自清，更喜欢他写的散文——《匆匆》。因为这篇散文告诉我："时间不为谁多停留一秒，也不会为谁多奉献一分，一旦它逝去，就不再回来。"写到这儿，我的思绪飘回到了那一天……

　　"快点写作业，暑假都快过完啦，不知道学习，什么事都不干，整天就知道看电视、玩，让大人操心。你……"老妈又开始念起了紧箍咒。

　　"好啦！好啦！我的作业快写完了，只剩下几页而已，一个小时就搞定了。真　嚓！"我不耐烦地说。

　　这就是暑假每天都要上演的对白。

　　早在暑假开始的前一个星期我就把作业做得差不多了，虽然还剩下几页，但一个小时就可以搞定了。可老妈每天都在唠叨，真　嚓！

　　有一天，我在网上读了一篇同题散文《匆匆》，读过之后，我的心弦被触动了一下，才发现妈妈的唠叨里蕴含着对我的关爱。

　　我立刻起身，拿起作业在题海中奋斗着。

　　吁！终于做完了，看着早已落下的夕阳，我不禁感叹："时间过得真快呀！"

　　从那以后，朱自清的散文《匆匆》成了我的警钟，时刻鞭策着我珍惜时间。只有珍惜时间的人，才能跟上时间的脚步。如果过去我们浪费了不少时间，那么从现在开始，不要再抱怨，不要再惋惜，好好珍惜每一天吧！

黄晗愔　诗坂中学　初三（5）班
　　　　指导老师　黄莺曲

黑暗里的那一抹璀璨星光

一颗平凡的沙砾遇上了河蚌，终被磨为光彩夺目的珍珠，一方粗陋的陨石遇上了地球终燃烧成绚丽的罗绮，一涓卑微的溪流遇上了断壁，终飞跃成斑斓的瀑布。我们无法苛求生命的伊始拥有满目的星辉，但我们可以求取生命彼端的流光溢彩——阅读，将赋予人生丰富而充实的过程。

细读鲁迅先生的《从百草园到三味书屋》，享受着不时从字里行间透露出的那份天真烂漫的感情，眼前不由得出现了一幅幅充满童趣、令人神往的画卷。

"油蛉在这里低唱，蟋蟀们在这里弹琴，翻开断砖来，有时会遇见蜈蚣，还有斑蝥，倘若用手指按住它的脊梁，便会啪的一声，从后窍喷出一阵烟雾……"我读鲁迅先生的这篇充满对童年回忆的散文，正如读着发自鲁迅先生心底的那份热爱自然、向往自由的童真童趣。突然间，我仿佛看到了幼年的鲁迅，趁大人不注意，钻进了百草园。他与昆虫为伴，又采摘野花野果，然后与玩伴一起捕鸟，但由于性急，总是捕不到很多；他又常听保姆长妈妈讲故事，因而非常害怕百草园中的那条赤练蛇。在三味书屋，虽然有寿先生严厉的教诲，学生们还是那么孩子气，当老师读书读得入神时，却没发现他的学生正在干着各式各样的事，有的正用纸糊的盔甲套在指甲上游戏，而鲁迅正聚精会神地在画画……

一切感受都是那么天真烂漫，令人回味，也许是引起了我心中的共鸣吧！

鲁迅先生在文章中表现了他热爱自然，向往自由的那股热情，希望能自由自在地玩耍，与大自然亲密接触，不希望整日被父母、家奴管束着，这正是儿童特有的。曾几何时，我已经远离了童年，进入了少年，每天都在忙忙碌碌的学习之中，纷纷扰扰的生活之中。但我自己认为自己还是一个稚气未脱的孩子，有时还做着甜美的童年之梦。回忆起那些童年琐事，我依然忍俊不禁。

还记得小的时候，家附近有一棵高大的苹果树，我总爱坐在树下，看蚂蚁搬家，小鸟儿在枝头叽叽喳喳。而我，就坐在那看着，有时坐累了，就跑回家拿画板，画着画着就睡着了。黄昏时父母寻来，我还一副迷迷糊糊的样子，总不免要被"呵斥"几声。至今我还是念念不忘，谁都会怀念自己的童年吧！

这不是我第一次接触鲁迅的作品，至于第一次看的是什么，居然也淡忘了。让我印象深刻的还是那篇《风筝》。它让我体会到了没有玩具的童年是多么悲哀，也让我再一次鄙视封建社会带来的种种无奈或是不幸。

那是那个时代的悲哀，但鲁迅，没有被封建社会的腐败思想腐蚀，毅然的弃医从文。他是中国的一颗璀璨明星，它是青年们永恒的导师、黑暗道路中的一团火焰，一个令敌人都敬佩的战士。他用笔做武器，用文字作军队，向旧社会一次又一次地发起冲锋。

在"正人君子"和"青年人的领导者"面前，鲁迅敢骂，鲁迅要骂，他骂得酣畅淋漓，骂得人心舒畅；在守旧思想和军阀势力面前，鲁迅善讽，鲁迅定讽，他讽得对手无话可说，讽得邪恶有口难言。无论是什么时候，鲁迅都会让那些误导中国方向的人们，不，是"豺狼们"被打成"丧家的落水狗"。俗话说得好，十年树木，百年树人。周家这位树人，身上凝结了何止百年中有志之士的精神与力量啊，他分明是中华五千年文化之中所有爱国之人、有心之士所凝聚而成的结晶，一束引领着中国青年向前，向着未来急速飞驰的强光。他在黑暗中用笔铺成一条走向光明的五彩之路，用纸垒成一堵排开黑暗的坚实之墙；他在困顿中用心中的利刃劈开一道道明亮的缺口，用手中的盾牌抵御一次次邪恶的反扑。他，鲁迅，是真正的革命战士，一位不朽的树人，一点不灭的光源！

阅读鲁迅的作品，让我感到：生命，也可以如此充实。

陈梦颖　　诗坂中学　初三（1）班
　　　　　　指导老师　陈砍

为国奉献一生

"灵台无计逃神矢，风雨如磐暗故园；寄意寒星荃不察，我以我血荐轩辕"。鲁迅的一生折射出浸透着爱国救国和以身许国的高尚情操的灵魂，他以笔代为武器无情地批判和揭露了社会丑陋的面具，大声呐喊、唤醒国人麻木的神经，捍卫祖国！

一声声欢呼刺激了鲁迅的爱国之心，他深刻地感觉到："凡是愚弱的国民，即使体格如何健全，如何茁壮，也只能做毫无意义的示众的材料和看客。"他毅然决定弃医从文，唤醒国人的赤子之心。此时的鲁迅只有二十一出头，而当今风华正茂的青少年在干什么呢？玩弄青春岁月、沉沦于花天酒地、还是埋头苦读呢？与先生相比，我们显得太渺小了！他回国后，掀起了一股爱国风潮。

当年的《旧事重提》中，童年、青少年时期的欢乐，令人《怀旧》。但当年的人吃人制度，使我们不得不反抗，《呐喊》，那是《狂人日记》的批判声。《新青年》使先生看到希望的曙光，全身参与编辑工作，批判旧思想、旧道德，成为新文化运动倡导者之一。还记得那用鲜血谱写成的三一八事件，一个个爱国的热血青年就此躺在血泊中，可他们的内心还在声讨政府的卖国行为，鲁迅先生为此写下《无花的蔷薇之二》。

勇敢的"蔷薇"们使我联想到那位鲁莽拔下日本国旗的爱国青年，时代不同，我们应具有鲁迅先生的爱国情怀，也应谨慎面对这一触及发的国际战火，无论身处何方，心存赤子之心！

鲁迅先生正是我们的榜样，他的内心总有满腔热情，澎湃的爱国情怀。尽管因反对北洋军阀，被列入通缉令当中，为了家人选择了避世。但他依然拿起武器全身参加到斗争之中，他的文章反映当时社会斗争的痕迹，也是他探索救国救民真理的思想体现，揭露社会丑陋的一面，赞美生活中美的人儿，唤醒更多人爱国意识，参与救国之中。

鲁迅先生直至病逝仍为救国事业鞠躬尽瘁，他的信念是将反帝反封建的民主革命进行到底，犹如爱因斯坦对物理学的执著与坚定不移。鲁迅先生是文学史上的巨人，更是一位伟大而勇敢的斗士，为国无私奉献一生。

像蜡烛为人照明那样，有一分热，发一分光，忠诚而踏实地为人类伟大事业贡献自己的力量。

王筱君

外国语学校翔安附属学校　初二（2）班
指导老师　吴红曲

儿童的天使——冰心

　　"成功之花，人们往往惊羡它现时的明艳，然后当初，它的芽儿却浸透了奋斗的泪泉，洒满了牺牲的血雨"。这是冰心奶奶的一则名言，也是她一生真实的写照。即使一生"浸透了奋斗的泪泉，洒满了牺牲的血雨"也依然"一片冰心在玉壶"。

　　五四运动的一声惊雷，将冰心"震"上了写作的道路。当时她以一个青年学生的身份加入了当时著名的文学研究会。她的创作在"为人生"的旗帜下源源流出，发表了引起评论界重视的小说《超人》，引起社会文坛反响的小诗《繁星》《春水》，并由此推动了新诗初期"小诗"写作的潮流。

　　冰心奶奶崇尚"爱的哲学"。"母爱、童真、自然"是其作品的主旋律，在《纸船——寄母亲》充满天真童心的行为。诗的第一节从折纸作船写起，说自己在海船上不肯放弃一张纸，留着它折叠成船，从船上抛到海里。充满了童趣；第二节写从船上抛出的纸船的去向，"有的被天风吹卷到舟中的窗里，有的被海浪打湿，沾在船头上"，她"总希望有一只能流到我要它到的地方去"。为此，她"仍是不灰心的每天的叠着"。可见，她这种愿望如孩子般强烈、诚挚。在诗的结尾，想象进入母亲梦中的纸船是她含着泪叠的，她祈求纸船载着她对母亲的爱和因远离母亲而产生的悲哀情怀流到母亲的身边。

　　每每读她的诗，眼前似乎浮现她那和蔼可亲的面容。

　　她非常爱孩子，把孩子看做"最神圣的人"，认为他们是祖国的花朵，应该好好呵护。我很喜欢也很欣赏她，因为她了解我们儿童，喜欢我们儿童。认为儿童的心灵是那么的纯洁，没有一丝毫的污染。可是，随着时代的脚步和大人们的"加压"，有些孩子已经不像孩子了，他们像一个小大人。我有些惋惜，但我庆幸我认识这一位儿童天使，我还有儿童的本质，活泼，天真，单纯。

愿二十一世纪的同学们做一个拥有一颗童心的时代新人！

黄银锻　　新圩中学　初三（4）班
指导教师　叶晓华

微笑着面对生活

"黑夜给了我黑色的眼睛，我却用它寻找光明。"顾城的这首短诗简短明白地让我们看到了一个不甘屈服于现实世界，努力进取、自强不息的生活强者。大洋彼岸那头有这么一位女性，她也用她不凡的经历让我们见证了如何在黑暗的世界中做一个生活的强者。

《假如给我三天光明》这本书对每个读者的心灵都会产生巨大的冲击力。作为一个肢体健全的人，我们习惯了在家埋头于手机、电脑跟前来代替郊游等一切户外活动，忽略了大自然美妙音乐；我们习惯了父母为我们安排的一切生活起居，忽略了至亲的人那双渴望沟通的双眼。

看看海伦·凯勒，就像书中所娓娓道来的"漆黑会令人更珍惜视力；静寂则能让人明白听到声音是多么美妙"。正是这样的寂静黑暗体验，让她更懂得珍惜生命的真谛：不在黑暗中奋起，就在黑暗中消亡。这样一个双目失明、失聪、失语的人，她用耳朵去倾听大自然最美的声音，用心灵获取感知天地万物的模样，用真诚去品读"爱"这一人间最可贵的情感。

海伦·凯勒不平凡的人生及与命运抗争的历程唤醒了我。是啊，我们还有什么理由埋怨世界的不公平？我们还有什么理由埋怨父母的不理解？我们有还什么理由蹉跎青春的日子？

虽然她生活在无光、无声、无语的孤独世界中，但是她有着一颗不屈不挠的心，她勇敢地接受生命的挑战，用爱心去拥抱世界，以惊人的毅力面对困境，终于在黑暗中找到了光明，最后又把双手伸向世界。用生命的全部力量四处奔走，建起了一家家慈善机构，为残疾人造福。

从海伦·凯勒身上，我学到了很多。第一，要尽力完成每一件事。有一位名人曾经说过："什么是不容易？不容易就是把每天应做的事坚持。什么是不简单？不简单就是把每件事都做得很好。"第二，要有乐观向上的良好心态。在巨大的打击及困难面前，不怨天尤人，而是以乐观向上的心态去面对生活的一切。第三，知识的力量是巨大的，它使一个残疾人变成一个有益于人类、有益于社会的人。假如我们每一个人都能像海伦·凯勒一样，每天都怀着勇气、信心、爱心去生活，我们的人生就会增添多少欢乐、多少幸福啊！

微笑着面对厄运，以顽强的毅力克服困难，以不凡的经历彰显生命的价值！这就是海伦·凯勒的人生态度，也是我们应该具备的人生态度。

林 源　观音山音乐学校　初二（6）班
指导老师　王静

我和朱自清先生

李杜诗篇万口传，至今已觉不新鲜。江山代有才人出，各领风骚数百年。

——题记

　　小学时的一篇《匆匆》让我对朱自清这个文学大师印象颇深，而《背影》是我再次认识这位著名散文作家。再次回首朱自清的《背影》，又让我别有一番滋味。

　　转眼间，我已经步入初二的学堂，课业的压力，家长、老师的厚望是必不可少的。随着年龄的增长，知识的积累，渐渐的，我也明白许多……是啊，时间过的真快啊！父亲也已经40多岁了。他几十年如一日，辛苦的坚守在岗位上。我曾羡慕过别人，羡慕别人到了周末，他们的父亲都可以带着他们到处游玩。而我，却只能路过父亲的单位，向他打个招呼后离开。总是母亲带着我出去，虽然很快乐，但那，不一样……我曾问过父亲："为什么不休息休息，陪我们出去玩？"他总是一句话："爸爸只有工作，才能好好照顾你，让你有更好的条件。"小时候的我，并不理解父亲的辛苦，觉得我很不幸福。现在，渐渐地，我懂了。

　　初一那年，我刚步入中学，并且住进了学校。送我那天，爸爸妈妈都来了。爸爸把车开到学校，并没有多说什么，拿起我的行李送到宿舍，妈妈则是念叨着，仿佛有一万个不放心。我呢，则是兴高采烈。父亲默默的帮我铺着床，收拾我的柜子。那一段时间很短暂，很快，他们要走了，父亲摸了摸我的头，告诉我："你长大了，要学会照顾自己。"母亲却早已落下了眼泪。母亲怕待得越久越分不开，就先走了，父亲冲我点点头，意思是让我坚强，我回应着，父亲也走了。望着父亲远去的背影，那微微弓着的身影，我不禁潸然泪下，再也高兴不起来。这场景，不禁让我想起朱自清的《背影》。天下的父亲都是一样的，总是默默奉献着，却永远不图回报，还要在孩子面前做表率作用。此刻，我突然觉得我很幸福……

朱自清的《背影》曾震撼我的心灵，他的父亲令人敬佩，可那一次，我同样感受到我的父亲同样伟大。回味这些经典的文章，细细品味着令人琢磨的文学，其实有时候，文学瑰宝就蕴藏在生活中！